KB056130

CREATIVITY for CRITICAL THINKERS

창조적 비판의
요령

가능성의

관점에서

세상

바라보기

CREATIVITY for CRITICAL THINKERS

창조적
비판의
요령

지은이 **앤서니 웨스턴**

옮긴이 **이주명**

필맥

머리말

창조성은 가능성의 범위를 넓히는 기술이다. 창조성은 다른 모든 사람이 보기에 더 이상 어찌해볼 도리가 없는 문제에서 의외의 영역을 찾아내는 기술이며, 어떤 상자 안에 갇혀 있다는 사실을 아무도 깨닫지 못하고 있을 때 '상자 밖'에서 생각할 줄 아는 능력이다. 이런 의미에서 창조성은 누구나 얼마든지 배울 수 있는 기법이다. 이 책의 목적은 바로 그 기법을 가르쳐주는 데 있다. 그것도 간략한 동시에 실제로 이용할 수 있는 형태로.

보다 구체적으로 말하면, 이 책의 목적은 비판적 사고를 하는 사람들이 어떻게 하면 창조성까지 갖출 수 있는지를 가르쳐주는 것이다. '비판적 사고(critical thinking)'라는 말은 현재 폭넓게 가르쳐지고 있는 이런저런 특정한 기법들을 연상시킨다. 그것은 다른 사람들의 주장에 대한 예리한 감식안, 생생해 보이지만 판단을 그르치게 할 수 있는 사례나 비유는 그저 보고 넘길 줄 아는 능력, 자신이 믿거나 믿고자 하는 것이 도마 위에 올랐을 때 공정한 마음가짐을 갖는 것 등이다. 모두가 다 매우 중요한 기법들이다. 나 역시 그런 기법들을 중요하게 여길 뿐 아니라 학생들에게 가르치기도 한다. 하지만 '비판적 사고'는 너무도 자주 그저 '비판'만으로 그

의미가 축소되며, 이제 막 그것을 배우게 된 사람들의 경우에는 더욱 그렇다. 그래서 새로운 생각을 잘 받아들이지도 않지만, 설령 받아들인다고 해도 주로 부정적이고 비판적인 태도로, 다시 말해 대단히 경계하는 방식으로 받아들인다. 이런 태도로는 뭔가 새로운 생각을 해낼 수 없을 게 분명하다.

이 책은 보다 확장성 있는 관점을 제시한다. 세계를 가능성의 맥락에서 보는 것은 매우 중요한 사고기법이기도 하다. 가장 구체적이며 특정한 논증이나 설명도 궁극적으로는 그것 말고 달리 가능한 논증이나 설명에 비추어, 또는 똑같은 사안이나 상호관련성에 대해서도 달리 가능한 설명에 비추어 평가하는 일이 부분적으로는 필요하다. 창조성은 달리 있을 수 있는 세계 또는 그런 세계의 일부를 우리에게 보여줌으로써 지금 있는 그대로의 세계에 대해 전적으로 새로운 관점을 갖게 해준다.

더구나 비판도 결국은 뭔가를 건설하고 변화를 일으키는 데 그 목적이 있다. 특히 이런 측면에서 가장 큰 역할을 하는 것은 비판 가운데서도 창조적인 부분이며, 이 부분은 꽉 막힌 문제를 풀기 위한 세 개 내지 열 개의 새로운 생각을 해낼 능력과 곧바로 관련된다. 비판적 사고는 새로운 생각을 해내야 할 필요성을 우리에게 알려주고, 새로운 생각을 걸러내거나 더 정교하게 다듬어줄 수 있다. 그러나 창조성이 없다면 비판적 사고는 두 다리가 아닌 한 다리만으로 걷는 것일 뿐이다.

"그렇지만 나는 창조적이지 않다"고 우리는 말하곤 한다. 이렇게 말하는 것은 창조성이라는 것이 마치 눈의 색깔이나 체형과 같이 그 누구도 바꿀 수 없는 유전적 특징이라고 상정하기 때문이다.

그러나 그것은 사실이 아님을 이 책을 읽고 당신이 납득하게 되기를 바란다. 사실은 당신이 이미 알기도 하고 믿기도 하는 몇 가지 방법만 활용해도 얼마든지 좀 더 창조적인 사람이 될 수 있다. 당신이 피카소나 아인슈타인과 같은 사람으로 변할 것이라고 장담하는 것은 물론 아니다. 그러나 거의 대부분의 사람들은 무엇을 하든 지금 하고 있는 것보다는 훨씬 더 잘 하게 될 수 있다. 그 한 가지 이유는 지금 우리 가운데 창조적 사고를 하는 훈련을 받은 사람이 거의 없다는 데 있다. 그러므로 몇 가지 방법만 익혀도 창조성은 크게 신장될 수 있다.

당신이 일반 독자라면 이 책이 창조적 사고에 대해 얼른 알게 해주는 매력적인 입문서로서 유익하다고 생각하게 되기를 나는 바란다. 선생님들은 수업이나 별도의 특강에서 이 책을 활용하고자 할 것이라고 나는 기대한다. 선생님들은 특히 대학이나 고등학교에서 비판적 사고에 대해 가르칠 때 이 책을 보충교재로 활용할 수 있을 것이다. 수업에서 이 책을 이용하는 방법에 대해서는 이 책의 맨 뒤에 있는 '주석과 참고사항'을 보라. 물론 이 책만으로 그러한 수업을 다 진행할 수는 없을 것이다. 우리에게 보다 익숙한 논증분석과 논리적 기법에 관해서는 다른 책을 이용해야 할 것이다. 그러나 이 책은 그런 수업에 필수적인 요소이자 때로는 충격을 가해주기도 하는 요소를 더해줄 것이다. 각 장의 끝에 있는 '연습문제'를 소홀히 하지 말라. 거기에도 새로운 수업재료가 들어있다.

이 책의 자매서로 《윤리문제에서 딜레마 뛰어넘기(Creative Problem—Solving in Ethics)》가 나와 있다. 그 책 역시 옥스퍼드대학 출판부에서 발간됐고 창조적 사고를 하는 데 이용할 수 있는 도구들을 제시하고 있으나, 그 초점은 이 책과 달리 실제의 윤리적 문제들에 대해 어떻게 창조적 사고를 할 것인가에 두어졌다. 이 책을 끝까지 다 읽고 나면 더 많은 예시나 응용사례는 물론이고 창조적 사고의 도구를 몇 가지 더 원하게 될 것이다. 다른 어떤 문제만큼이나 윤리적인 문제에서도 창조성이 중요하다. 아니 어쩌면 윤리적인 문제에서 창조성이 훨씬 더 중요할 수 있다. 삶의 다른 영역들에 비교할 때 윤리의 영역에서는 아직 창조성이 제 역할을 덜 하고 있는 게 보통이기 때문이다. 이 책《창조적 비판의 요령》에서 나는 윤리적인 문제에는 거의 발을 들여놓지 않았다. 별도의 책에서 윤리문제와 관련해 창조성을 온전하게 다루었기 때문이다.

대부분의 사람들이 창조성이라는 주제에 대해 흥미를 느끼며, 이 주제로부터 해방감을 얻기도 한다. 나는 이런 점을 여기에 일일이 다 열거할 수 없을 정도로 많은 동료 학자들과 내 수업을 듣는 수강생을 비롯한 학생들에게서 거듭 확인하게 된다. 가장 까다롭고 성가신 문제에 직면한 상태에서도 가능성과 희망의 느낌이 들기 시작하는 것이다. 그래서 나는 창조적 사고에 관해 강의해달라면서 나를 초청해주거나 이 책에 서술된 창조적 사고의 도구들이 학생들에게 얼마나 도움이 됐는지를 나에게 알려준 많은 선생님들에게 감사드린다. 내가 재직하고 있는 엘런대학 철학과의 동료 교수들, 특히 앤 캐힐과 조 콜에게도 감사드린다. 그들은 이 책의 원고를 세밀히 읽고 유용한 제안을 해주었다. 옥스퍼드대학 출판부의 적극적인 편집자 로버트 밀러와 이 책에 대해 평론해준 옥스퍼드대학의 폴 더빈, 캐러 피너건, 제프리 프라이, 데이브 유언트에게 경의를 표한다.

최근 몇 년 동안 내 강의를 들은 학생들에게도 고마운 마음을 전하고 싶다. 그들의 자극은 내게 많은 논제를 던져주었고, 나로 하여금 이 책의 원고를 고쳐 쓰게 하기도 했다. 그들은 내 강의를 듣고 난 뒤에 그들 스스로 탐구해온 훌륭한 아이디어를 갖고 나를 찾아오기 시작했다. 그리고 그들이 걸어간 길을 이제 새로이 걸어가기 시작하는 당신, 즉 독자인 당신을 환영한다. 당신에게 최고의 행운이 같이하기를 빈다. 이 책에 대해 논평, 비판, 제안을 해오는 독자가 있다면 누구든 진심으로 환영한다.

노스캐롤라이나 더럼에서
앤서니 웨스턴
weston@elon.edu

차례

01

비판에
창조적 발상이
필요한 이유

버스 정류장에서

어둡고 폭풍우가 몰아치는 밤. 당신은 말쑥한 2인승 소형 자동차를 몰고 가다가 한 버스 정류장에 다다른다. 그곳에서 세 사람이 버스를 기다리고 있다. 한 사람은 당신이 모르는 낯선 사람인데, 마침 심장발작을 일으켜 무릎을 꿇고 있다. 그 옆의 다른 한 사람은 예전에 당신의 목숨을 구해준 적이 있는 오랜 친구다. 그리고 나머지 한 사람은 놀랍게도 당신이 꿈에 그리던 남자 또는 여자다. 당신은 누구를 차에 태우겠는가?

이 간단한 퀴즈는 어느 한 회사가 사원채용 과정에서 입사지원자들의 창조성을 검증해보기 위해 실제로 이용한 것이다. 얼핏 보아서는 좋은 대답이 떠오르지 않는다. 아니, 대답할 것이 너무 많을지도 모른다. 낯선 사람은 가능한 한 빨리 병원으로 가야 하는 게 분명하다. 당신의 오랜 친구도 차에 태워주기를 바랄 수 있다. 더구나 당신은 그에게 빚진 것이 있다. 하지만 당신이 꿈에 그리던 이상형의 남자 또는 여자도 거기에 있다. 그 이상형의 상대는 앞으로 두 번 다시 만날 수 없을지도 모른다. 그런데 당신의 차에는 사람을 태울 수 있는 자리가 하나밖에 없다!

당신은 어떻게 생각하는가? 당신은 얼마나 창조적일까? 더 읽어 내려가기 전에 잠깐 생각해보라. 당신이라면 어떻게 하겠는가?

전설처럼 전해 내려온 바에 따르면, 모두 200명이나 되는 입사지원자들 가운데서 회사 측에 의해 선택돼 채용된 사람은 조금도 망설이지 않고 이렇게 대답했다고 한다. "자동차 키를 나의 오랜 친구에게 주고 그더러 낯선 사람을 병원에 데려다주라고 부탁하겠습니다. 나는 꿈에 그리던 여자와 함께 정류장에서 버스를 기다리겠습니다."

이제 이 답변에 대해 생각해보자. 당신이 대부분의 다른 사람들과 비슷하다면, 당신이 선택할 수 있는 것들을 머릿속에서 검토해보는 것으로 이 문제에 접근했을 것이다. 그리고 당신의 정신이 이런 머릿속 검토를 하는 방식은 세 사람을 하나하나 차례로 당신의 차에 태우는 경우를 상상해보는 것이다. "낯선 사람을 태울 수 있겠지. 하지만 그렇게 하면…." "꿈꾸던 이상형을 태울 수 있겠지. 하지만 그렇게 하면…." 이때 대부분의 사람들이 하지 않는 것이 있다. 그것은 계속 자기가 운전자로서 운전석에 앉아 있으면서 다른 한 자리에 세 사람 중 한 사람을 골라 태우는 것 말고, 달리 가능한 선택은 없는가를 스스로에게 묻는 일이다. 그러나 당신은 바로 그 질문을 스스로에게 던질 수 있어야 한다. 그렇게 하는 순간 곧바로 당신은 '상자 밖'에 있게 되고, 훌륭한 답변을 떠올리기가 쉬워진다.

그렇다면 이 이야기가 우리에게 주는 하나의 교훈은 '상자 밖에서 생각하기'는 배우기가 그다지 어렵지 않다는 것이다. 그리고 어쨌든 "다른 선택은?"이라는 질문을 스스로에게 던지는 법을 배우기란 어려운 게 아니다.

또 하나의 교훈이 있다. 그것은 완전히 궁지에 갇힌 것처럼 보이는 상황에도 의외의 가능성이 그 안에 들어있다는 것이다.

아마 조금 전까지 당신도 그랬을 테지만, 자기가 '실제적'이라

창조성이란 무엇인가?

창조성은 어떤 상황이나 과제 또는 문제를 새로운 관점에서 바라보고, 그렇게 함으로써 그 전에도 그 안에 들어있긴 했으나 분명하지 않았던 가능성을 열어낼 줄 아는 능력이다.

창조적인 사람들은 비판적이다. 그들은 '주어진 것'과 '분명한 것 (또는 분명하다고 추정되는 것)'에서 멈추지 않는다. 그들은 상상력을 발휘한다. 그들은 보다 개방적이고 유연한 방식으로 생각하는 습관을 갖고 있다. 그래서 그들의 정신은 있는 그대로의 상황보다 늘 두 걸음 앞서 간다. 그들은 창의적이다. 그들은 의식적으로 새로운 것과 새로운 사고방식을 고안해내고자 한다.

그리고 창조적인 사람들은 스스로 규율이 있고 끈질기다. 창조성은 특정한 종류의 장난기를 요구할 수 있지만, 그렇다고 해서 좋은 게 좋다는 식으로 넘어간다는 말은 아니다. 창조성은 노력을 필요로 한다. "천재는 1퍼센트의 영감과 99퍼센트의 땀으로 이루어진다"는 토머스 에디슨의 유명한 말이 있다. 이는 조금은 과장된 말일 수 있다. 나라면 "천재는 20퍼센트의 영감과 80퍼센트의 땀으로 이루어진다"고 말하겠다. 물론 두 경우 모두 아주 많은 양의 땀을 흘려야 하는 것은 마찬가지다.

고 자부하는 사람들은 누군가가 위와 같은 상황에 빠진 것을 보면 이렇게 선언할 것이다. "자, 당신은 결정만 하면 된다! 분명 세 개의 가능성, 오직 세 개의 가능성만이 존재한다. 그저 그 가운데 하나로 결정하고, 그것을 밀어붙이면 된다!" 그러나 이제 당신은 이것은 좋은 조언이 아님을 안다. "세 개의 가능성, 오직 세 개의 가능성만이 존재"하는 게 분명하다고? 셜록 홈스라는 전문가도 분명한 것이 항상 진실은 아니라고 말한 바 있다. 다른 가능성이 존재하는 것이다. 진정으로 실제적이라 함은 바로 다른 가능성을 찾기 시작하는 것이다.

험난한 출발

이번엔 한 전문적인 분야의 시나리오를 예로 들어보자. 당신은 새 집을 짓기 위해 땅을 파내는 작업을 감독하고 있는 건축가다. 포클레인이 땅을 파기 시작하자마자 거대한 바위에 부닥쳤다. 그것은 벽처럼 서서 꼼짝도 하지 않는다. 당신이라면 어떻게 하겠는가?

글쎄, 그렇게 움직여지지 않는 것도 옮길 방법은 있다. 어쩌면 꽤 큰돈을 투자해 한두 주일 뒤에 불도저나 폭약을 사가지고 오면 구덩이를 팔 수 있을 것이다. 그렇다면 이번엔 아마도 구덩이가 너무 커서, 힘들여 폭파한 바위의 파편들을 가지고 그 구덩이의 일부를 다시 메우는 데 시간을 들여야 할지도 모르겠다.

그러나 뭐, 삶이란 게 원래 그런 것 아니겠는가? 그렇지 않다면? 이 책을 여기까지 읽은 당신은 이미 조금은 격려를 받아 창조적 해법을 찾고자 할 터이니 그렇게 빨리 다이너마이트로 달려가지는 않을 것 같다. 당신은 혹시 건축학교에서 창조성에 관해 조금이나마 배운 적은 없는가?

여기서 한 가지 쓸모 있는 질문은 이런 것이다. "바위를 제거하는 더 나은 방법은 없는가?" 어쩌면 그 바위에 금이 가 있어 그 틈을 이용해 바위를 깨뜨릴 수 있을지도 모른다. 포클레인은 도르래에 걸어서 끌어올리면 될 것이다. 또는 조금 더 창조적인 발상으로, 필요한 구덩이보다 더 깊고 큰 구덩이를 판 다음에 그 안으로 바위를 굴려 넣을 수 있을지도 모르겠다.

방금 검토한 질문에는 약간의 운신공간이 있다. 그러나 이 질문도 기본적으로는 버스 정류장에서 세 사람 가운데 누구를 차에 태울 것인가를 묻는 것과 거의 같다. 그 대신에 더 나은 질문을 던져보자.

"어떻게 바위를 옮길 것인가?" 이것이 우리의 질문이었다. 그러나 이제 방향을 바꿔 이렇게 묻는다고 해보자. "바위를 옮기지 않는다면?" 바위 문제를 우회하는 다른 가능한 방법이 있을까?

우리가 이렇게 새로운 질문을 던지는 순간 새로운 가능성이 떠오른다. "새로 지으려는 집을 옮기면 안 되나? 바위를 피해 집을 짓는다면? 집을 꼭 거기에 지어야 하는 것인가?" 2미터 정도 오른쪽이나 왼쪽에 집을 지을 수도 있을 것이다. 이렇게 하는 데는 당신의 계획을 약간만 조정하는 것으로 충분하다. 그러면 아무 문제도 없게 된다.

방금 우리가 새로 던진 질문은 애초의 질문과는 다른 종류의 질문이라는 점에 주목하자. 바위를 제거하는 데는 아마도 다이너마이트가 최선의 방법일 것이다. 그러나 바위를 제거하는 것이 문제를 제거하는 데 최선의 방법이 아닐 수도 있다. 문제를 감지하고는 그것을 단지 한 방향으로만 규정한 뒤 그 규정대로 밀고 나아가는 (그러면서 스스로 '실제적'이라고 자부하는!) 돌진적인 사고방식 대신 조금 더 유연한 사고방식이 필요하다. 문제해결의 전문가인 에드워드 드 보노(우리는 곧 그의 말을 좀 더 듣게 될 것이다)는 자신이 '수평적 사고'라고 이름 붙인 것을 주창한다. 집 전체를 옮기는 것을 머리에 떠올리는 순간 당신은 당면한 상황에서 물러나 문제를 완전히 피할 수 있는 방법을 탐색하기 시작한다.

이 문제에 대해 우리가 취할 수 있는 또 다른 조치는 없을까? 바위가 실제로 문제이기는 한 것일까? 예기치 못한 이 장애물을 오히려 이점으로 활용하는 방법도 있지 않을까?

처음에는 그렇게 하는 것이 전적으로 불가능해 보이고, 심지어는 바보 같은 생각으로 여겨질 수도 있다. "바위가 어떻게 문제가 아닐 수 있나? 내가 집을 지으려고 하는 곳, 바로 거기에 바위가 있다! 바위 아니면 집이다. 바위를 제거하지 못하면 집짓기를 포기해야 한다!"

그런가? 정말로 그런가?

무슨 벽처럼 서서 꿈쩍도 안 하는 바위라고 하지 않았는가? 그렇다면 아예 그것을 벽으로 삼아버리면? 한가운데 바위를 그대로 놓은 채 집을 짓는 것은 어떨까? 진짜로 창조적인 건축가는 집의 설계 자체를 다시 해서 천연의 바위벽에 벽난로를 설치할 수도 있을 것이다. 그렇게 하지 않는 경우보다 비용이 적게 드는 것은 말할 것도 없고, 집이 훨씬 더 인상적이고도 매력적으로 지어질 수 있다. 바위를 활용하다니, 그 얼마나 근사한 활용인가! 집도 바위도 옮기지 않았고, 다이너마이트를 사용하지도 않았다. 집 주인은 돈을 덜 쓰면서도 그야말로 독특한 집을 갖게 됐다. 뭐가 문제인가?

창조성으로 가는 첫걸음은 '문제'에 대한 생각 자체를 바꾸는 것이다

오늘날 '문제'라는 말은 일반적으로 부정적인 의미를 갖고 있다. 문제란 유감스러운 것이고, 피해야 할 것이며, 가능한 한 빨리 원래대로 되돌려 가두어둬야 할 것이다. 절반만 그럴듯한 첫 번째 해답이 발견되면 우리는 거기에서 멈춰버리고픈 유혹을 느낀다. 사실

골칫거리인 문제를 누가 갖고 싶어 하겠는가?

그러나 우리는 문제를 갖기를 원해야 한다. 진지하게 다시 말하지만, 문제를 갖기를 원해야 한다. 문제란 사고를 계속하게 하는 기회이자 상상력을 발휘하게 하는 자극이라고 생각할 필요가 있다. 이런 관점에서 우리는 문제가 생기면 그것을 반겨야 하고, 더 나아가 오히려 문제를 찾아 나서기도 해야 한다. 문제란 우리가 세상을 바꿀 수 있는 기회다. 정확하게 그렇다.

이렇게 생각한다면 문제 자체를 비판적으로 다시 생각해보게 된다는 점에 주목하자. 앞에서 예로 든 건축가의 경우 진정한 창조성은 바위를 옮기는 더 나은 방법을 찾는 데서 시작되는 것이 아니라 그 다음 단계, 즉 집을 옮긴다고 생각하는 데서 시작된다. 그렇다면 더 이상 '주어진' 문제를 다루고 있는 것이 결코 아니다. 그런데 바위를 집의 벽으로 활용하는 것은 원래의 문제에 대한 해답은 아니다. 이처럼 주어진 문제를 단지 어떤 다른 문제로 변형시킬 수만 있는 게 아니다(물론 이것만 해도 유익한 경우가 많긴 하지만). 주어진 문제를 그야말로 문제가 아닌 기회로 바꿀 수도 있다.

우리가 문제를 싫어하는 것은 그것이 우리를 밀쳐내는 일종의 장애물이라고 여기기 때문이라는 점을 생각해보라. 우리를 불편하게 만드는 어떤 애로 사항이 있는데, 그 애로 사항은 우리로 하여금 그 불편함을 제거하는 시도를 하게 한다. 주저하고 꺼리는 마음을 가질 수도 있고 자신감이 없을 수도 있지만, 어쨌든 그런 시도를 할

동기를 갖게 하는 것이다. 하지만 우리는 구식의 일회용 반창고 정도면 충분하다고 생각한다. 그런 정도로 문제를 마무리짓고 싶어 하는 것이다.

그러나 창조적 변형의 여지를 인식한다면 다른 방향으로 동기부여가 된다. 우리는 이제 뭔가 더 나은 것으로 끌어당겨진다. 일회용 반창고로는 더 이상 충분하지 않다. 이제 우리는 문제를 그저 덮어버리고 다시 잠을 자러 가는 것에는 흥미를 느끼지 않는다. 이 지점에서 우리는 영감에 대해 이야기해야 하고, 분명히 끈기, 신념, 활력에 대해서도 이야기해야 한다. 또한 재미에 대해서도 이야기해야 한다. 재미에 대해서도 이야기해야 한다는 점을 납득하지 못하겠는가? 이 책을 한두 장 더 읽으면 알게 될 것이니 여기서는 그냥 넘어가자.

게다가 이 모든 것은 큰 규모의 문제에도 들어맞는다. 가장 작은 일상의 골칫거리에서부터 사업의 세계와 가장 커다란 사회적 쟁점에 이르기까지 모든 곳에 창조의 기회가 존재한다. 당신이 이런 문제들과 창조적인 태도로 씨름하다 보면 보수가 괜찮은 직업을 갖게 될 수도 있다. 뜻밖의 가능성, 더 나아가 아주 훌륭한 가능성까지도 발견되기를 기다리며 존재하고 있다. 물론 그것을 발견하려면 먼저 그것을 찾아 나서야 한다.

연습문제

1. 생각해봐야 할 몇 가지 질문들.

■ '문제'라는 말을 들으면 연상하게 되는 것은 무엇인가? 문제가 반가운가? 아니면 싫은가? 그 이유는?

■ 머리에 떠오르는 어떤 구체적인 문제가 있는가? 당신은 과거에 그 문제를 어떻게 다루었나? 당신이 보기에 미흡해서 개선책이 강구돼야 하는 문제해결 방법이 있나? 지금 삶 속에 다소의 창조성이 발휘될 필요가 있다고 느껴지는 부분이 있는가? 다른 사람들도 다소의 창조성을 발휘할 수 있을까? 말하자면 정치인들, 교사들, 택시운전사들, 치과의사들, 도둑들은 창조성을 발휘하고 있나?

■ 당신에게 창조성을 불러일으켜줄 만한 사람들을 알고 있는가? 그런 사람들을 알고 있다면 그들과 대화를 하고, 그들은 문제를 어떻게 해결하는지 알아보라.

■ 이 책에서 무엇을 얻고 싶은가?

2. 이 책의 대부분에서 우리는 개인, 사회, 과학, 철학과 관련된 실

제적인 문제들을 다양하게 다루면서 그런 문제들에 대해 창조적으로 다시 생각해보는 시도를 할 것이다. 그러나 그 전에 준비운동 차원에서 아래에 산발적으로 제시되는 몇 가지 질문들에 대답해보라. 그 대부분은 창조적 사고가 열어줄 수 있는 공간이 얼마나 넓은지에 대해 감을 잡기 위한 것이다. 아래 질문들에 대답해보는 것을 즐겨라. 그것들에 얽혀 들어가지는 말라. 그저 상상력을 발휘해보고, 정신적 근육을 푸는 스트레칭을 조금 해보는 것이다.

■ 가능한 정치제도가 이미 다 고안되어 더 이상 남아있는 것이 없다고 생각하는가? 정말로 그렇게 생각하는가? 뭔가 진정으로 새로운 정치제도를 생각해낼 수는 없는가? 적어도 지금 존재하는 우리의 정치제도를 개선해줄 몇 가지 중요한 방안은 생각해볼 수 있지 않을까?

■ 가능한 예술형식이 이미 다 시도되어 더 이상 남아있는 것이 없다고 생각하는가? 그럴 리가 없다. 디지털 예술, 컴퓨터 음악, 고래의 노래(whale song, 고래가 내는 소리를 편집한 음악작품—옮긴이), 수준 높은 그라피티(graffiti, 벽에 그리거나 쓰는 그림, 문자, 문양 등—옮긴이), 재생예술(re−art, 재활용 재료만을 이용하는 예술—지은이) 등의 새로운 예술형식이 최근에 생겨나지 않았는가? 이 밖에 또 어떤 것이 가능할까? 새로운 예술형식을 몇 가지 창안해보라. 날씨 예술? 도로를 포함시킨 어떤 것? 냄새

를 이용할 수는 없을까?

■ 환경위기를 어떻게 해결할 수 있다고 생각하는가? 흔한 답변은 당신도 알고 있을 것이다. 예를 들어 오염 행위와 폐기물 발생을 줄이기 위해 노력하는 것은 쉽지 않은 일이지만, 그런 노력을 하는 것은 위기를 해결하는 데 어느 정도 도움이 될 것이라고 기대할 수 있다. 이 밖에 또 어떤 것을 생각해볼 수 있을까?

■ 타임머신으로 시간여행을 할 수 있게 되면 어떻게 될까? 완전히 새롭게 가능해지는 것들은 어떤 것일까? 진화론과 창조론 사이의 논쟁이 실증에 의해 해결될까? 영화 〈터미네이터〉에서처럼 서로 다른 미래들 사이의 전쟁이 현재에 벌어질까? 어쩌면 공룡과 함께 휴가를 보낼 수도 있겠다. 최근에 내가 발견한 한 웹사이트는 10달러라는 적은 돈만 내면 그 가운데 일부로 몇백 년 앞을 내다보는 투자를 대신 해준다. 이렇게 투자를 하면 1달러가 복리로 불어나 몇백 년 뒤에는 수십 억 달러가 될 것이고, 그 수십 억 달러 가운데 일부를 이용해 현재로 그 돈을 다 가져와서 당신에게 부유하고 장수하는 미래를 보장해준다고 한다. 당신이라면 이 사이트에 10달러를 보내고 나서 무엇을 기대하겠는가? 이런 사이트를 운영하는 사람이라면 꽤 영리하지 않겠는가? 이런 일은 단지 시작에 불과하다고 생각할 수도 있지 않을까?

■ 만약 유전공학으로 인간을 완전히 리메이크할 수 있게 된다면 당신은 어떻게 하겠는가? 물속에서도 숨을 쉴 수 있도록 아가미

를 추가하는 것(어떤 의미에서는 이렇게 되기를 바라는 사람이 없어지지 않을 것 같다)과 같은 외형상의 변화에만 머무르지 말라. 예를 들어 특정한 종류의 폭력을 휘두르거나 광적인 행동을 할 능력을 갖추지 못한 인간을 만들어낼 수도 있지 않을까? 태양에서 에너지를 직접 흡수하는 나무처럼 인간도 광합성을 할 수 있게 된다면 우리는 에너지를 얻기 위해 음식을 먹어야 할 필요가 없게 될까? 이 밖에 다른 어떤 것들이 가능해질까?

■ 우주가 생겨나게 된 방식을 당신은 얼마나 다양하게 상상할 수 있는가? 보통 우리는 단지 두 개의 선택지만을 고려하도록 유도된다. 그 가운데 하나는 그 모든 복잡성과 크기를 가진 우주가 어떤 '우주 건축가'의 의도에 따라 일시에 한꺼번에 창조됐다는 것이고, 다른 하나는 우주가 폭발(빅 뱅)과 더불어 시작된 뒤에 차츰 진화해왔다는 것이다. 이 밖에 다른 어떤 우주 탄생의 방식이 있을 수 있다고 생각하는가? 예를 들자면 식물이나 동물의 세포증식과 같은 것은 어떤가? 과연 우주가 이런 방식으로 생겨날 수 있었을까? 그렇지 않다면 우주에만 특유한 어떤 다른 방식으로 우주가 생겨난 것일까? 그 방식이란 구체적으로 어떤 것일까?

창조적 비판에
시동을 거는 방법

습관의 힘

모르핀은 가장 강력한 진통제 가운데 하나다. 하지만 불과 얼마 전까지만 해도 극심한 고통 속에 죽어가는 사람조차도 모르핀을 구하기가 거의 불가능했다. 가족과 의사들은 모르핀에 중독성이 있다는 점을 두려워했다. 아편의 일종인 모르핀은 미국의 남북전쟁과 1차대전 때 부상병에게 많이 사용되어 심각한 문제를 일으켰다. 그러나 모르핀도 적절하게 사용된다면 반드시 중독을 초래하지는 않는다는 보고가 그동안 많이 나왔다.

어쨌든 사람이 이미 임종의 상태에 있을 경우에는 모르핀이 중독성을 갖고 있는지 여부가 그리 중요하지 않다. 그런데 웬일인지 이런 구체적인 경우는 전혀 고려되지 않았다. 그래서 한 세대에 걸쳐 많은 사람들이 불필요한 고통 속에서 죽어갔다. 도대체 왜 그랬을까?

이 질문에 대답하기는 어렵지 않다. 습관 때문이었다. 과거에 모르핀의 과다한 사용으로 인해 빚어진 중독에 대응하다 보니 의사들이 모르핀 사용을 기피하는 습관을 갖게 됐고, 그 습관은 본능적인 것이 돼버렸다. 또한 사람들이 모르핀을 헤로인과 같은 다른 종류의 아편들과 긴밀하게 연상시키기 시작하면서 사람들의 마음속에 '모르핀=마약'이라는 도덕적 관념이 고착됐다는 점도 분명히 작용했다고 나는 생각한다.

그래서 우리가 그렇게 된 것이다. 다시 말해 우리의 생각이 고착된 것이다. 지금에 와서 보면 이상한 일이었지만, 오랜 습관과 연상을 그대로 적용하는 것은 타당하지 않다고 생각할 만한 경우에도 그 오랜 습관과 연상을 깨뜨린다는 게 불가능했다. 오랜 세월에 걸쳐 사람들은 죽어가는 사람에게 모르핀 주사 놔주기를 거부하는 것은 어리석은 일임을 말 그대로 '보지 못했다.' 습관이 눈을 가렸던 것이다. 최근에야 우리는 이 문제를 보다 분명하게 보게 됐고, 그래서 이제는 비록 여러 가지 유보조건이 달리기는 하지만 모르핀 사용이 허용된다. 이 이야기는 당신으로 하여금 이와 비슷하게 어리석은 뭔가 다른 일들이 지금도 여전히 우리 눈앞에서 벌어지고 있는 것은 아닌가 하는 의심을 품게 할 것이다.

이와 같은 정신적인 눈가리개, 다시 말해 이와 같은 습관, 가정, 그리고 고정된 시각을 가리키는 심리학자들의 용어가 있다. '세트 (set)'가 바로 그것이다. '세트'가 나쁘기만 한 것은 아니다. 가령 어떤 일을 할 때마다 매번 그 일에 대해 처음부터 다시 생각할 수는 없다. 그래야 한다면 아무것도 할 수 없을 것이다. 무언가를 하면서 보내는 대부분의 시간에 우리는 습관에 의존하지 않을 수 없으며, 그러다가 필요할 때에만 조금씩 새로운 생각을 추가하면 된다. 얼마나 다행스러운 일인가?

그러나 '세트'는 새롭게 보는 길을 차단하기도 한다는 점에서는 우리에게 불행한 것이다. '세트'는 신축성과 창조성을 가로막는다. 때로는 습관의 골이 너무 깊어 우리가 그 골 속에 갇혀 그 너머를 보지 못할 수 있다. 이는 곧 우리가 습관의 골 속에 갇혀 있다는 사실조차 알지 못하게 된다는 것이다. 그래서 우리는 정말로 고착되어 옴짝달싹하지 못하게 되는 것이다.

습관에서 벗어날 방법을 찾자

방금 한 이야기가 주는 교훈은 '세트'를 깨뜨리거나 '상자 밖에서 생각' 할 수 있도록 도와줄 방법을 찾아야 한다는 것이다. 누군가가 "창조적으로 되라!"거나 "습관에서 벗어나라!"고 말해주는 것만으로는 충분하지 않다. 그 이상의 어떤 도움이 없다면 우리는 똑같은 원을 도는 오랜 여행을 몇 차례 더 하지만 결국은 거의 똑같은 지점에 도달하고 말 뿐이다. 나는 그런 사람들을 너무도 많이 보아왔다. 그들은 이맛살을 찌푸리고 앉아서 정신의 근육을 잔뜩 긴장시킨다. 무언가 정말로 어려운 문제를 생각하는 사람의 모습이다. 그러나 그들은 그 어디에도 도달하지 못한다.

이런 고착상태에서 벗어나기 위해서는 스스로 좀 느긋한 태도를 갖고 뭔가 새로운 것을 시도해볼 필요가 있다. 어쩌면 특이하거나 황당하거나 별로 그럴듯해 보이지 않는 것을 시도해봐야 할 수도 있다. 억지스럽다는 느낌이 들지도 모르겠다. 그러나 바로 그런 느낌이 중요하다. 당신은 지금 습관 밖으로, 당신을 가두고 있는 정신적인 '상자' 밖으로, 아주 안락하지만 당신에게 크게 제약을 가하는 것일 수도 있는 익숙한 세계 밖으로 자신을 끄집어내려고 하고 있는 것이다. 그런 '상자'는 매우 강한 것일 수 있다. 그래서 그만큼 강한 방법이 필요하다. 다시 말해 상황을 조금이라도 흔들어놓고, 세계를 보다 넓게 바라볼 수 있게 해줄 어떤 강력한 방법이 필요하다.

이런 말을 듣고 당신은 뭔가 별난 방법이 제시될 것 같고, 어쩌면 궁색한 방법까지 제시될 것 같다고 생각할지 모르겠다. 아마도 당신은 그런 방법이 제시된다고 해도 그것을 진지하게는 받아들이지 않도록 하는 유혹, 또는 그런 방법이라면 내키지 않는다는 태도로만 이용해보도록 하는 유혹을 받을 것이다. 그러지 말라! 그런 방법이 바보스럽고, 어색하며, 당황스러운 것으로 보일 수는 있다. 어쨌든 공개적으로 그런 방법을 이용하다 보면 그런 느낌을 갖게 될 수 있다. 그러나 우리가 찾는 방법은 일면 바로 그런 느낌을 주는 것이어야 한다. 중요한 점은 오로지 당신의 안전지대, 다시 말해 당신이 꼼짝없이 갇힌 곳이기도 한 익숙한 공간에서 당신이 벗어나야 한다는 것이다. 그렇게 할 수 있게 해주는 방법을 계속 즐기고, 그 과정을 신뢰하라. 그리고 도약하라.

기발한 연상하기

이 장에서는 '상자 밖에서 생각' 하는 첫 번째 방법 하나만 소개하겠다. 하나의 방법만 살펴본다 해도 그 방법을 충분히 자세하게만 탐구한다면 그러한 방법을 어떻게 이용해야 하는지, 그리고 그러한 방법으로 할 수 있는 것이 무엇인지에 대해 충분히 감 잡을 수 있다. 그 방법이 무엇인지 알게 되면 당신은 놀랄지도 모른다. 그것은 사실 창조성에 관한 전문가들이 흔히 추천하는 방법들 가운데 하나다. 그 방법이 놀라울 정도로 효과적임을 당신도 곧 알게 될 것이다.

그 방법은 바로 이런 것이다. 우선 임의로 아무거나 눈에 띄는 것을 '촉발요소'로 삼는 것으로 시작한다. 그 촉발요소를 당신의 문제 또는 의문사항과 나란히 놓은 다음 그것이 어떤 새로운 생각이나 연상을 불러일으키는지를 스스로에게 물어보라. 촉발요소 자체는 그 어디에서든, 말 그대로 '어디에서든' 가져올 수 있다. 길을 따라 걸어가다가 본 것, 대화를 하다가 우연히 튀어나온 말, 영화, 사전, 교과서, 미스터리 소설, 꿈, 잡지 등 그야말로 어디에서든 가져올 수 있다. 만약 단어를 촉발요소로 삼으려고 한다면, 보통은 다양하고 풍부한 어휘가 들어있는 자료를 활용하는 것이 가장 좋다. 그러자면 훌륭한 고전 저술가의 책을 찾아봐야 할지도 모른다. 그러나 위급한 경우라면 길거리에 늘어선 상점들의 간판에서 촉발요소로 삼을 단어를 갖다 써도 된다. 아니면, 이것은 내가 종종 이용하는 방법인데, 차를 몰고 가다가 라디오를 2초 정도만 켜놓아도 된다. 또한 나는 글을 쓰다가 우연히 잘못 쓴 단어에서 오히려 새로운 아이디어나 보다 생생한 표현을 얻기도 한다.

나는 이 방법을 '기발한 연상하기'라고 부른다. 중요한 점은 연상을 자극해주는 것을 가능한 한 정말로 아무거나 임의로 잡아내야 한다는 것이다. 그렇게 하면 당신은 자신이 갇힌 틀 밖에서 하나의 '촉발요소', 다시 말해 사고를 자극하는 새롭고 걸러지지 않은 것 하나를 비로소 갖게 된다. 그것은 그야말로 신선한 것이다. 그리고 쉽다!

그러나 나는 여기서 나의 경험을 이야기하지 않을 수 없다. 내가 방금 말한 준비작업을 한 뒤에도 이 방법에 대한 사람들의 첫 반응은 여전히 이랬다. "그것 참 바보스러운 말이로군! 기발한 연상이라고? 아무거나 임의로 촉발요소로 삼는다고?" 그래서 나는 다시 한 번 이렇게 말할 수밖에 없다. 약간 바보스러운 것이 우리에게 필요한 바로 그것일 수 있다고. 그리고 임의성이란 중간에서 거르는 장치 없이 곧바로 촉발요소가 될 수 있는 것들을 만들어내는 것을 말하며, 우리 눈에는 보이지 않지만 우리를 가둔 틀을 깨뜨리는 데 필요한 바로 그것이라고.

여하튼 나로서는 당신이 인내심을 발휘해주기를 바라는 수밖에⋯. 최소한 그 방법이라는 것이 스스로 무엇을 할 수 있는지를 우리에게 보여줄 기회는 줘야 하지 않겠는가?

첫 번째 사례

벽돌이나 볼펜처럼 우리가 일상에서 사용하는 어떤 기능적인 물건을 머릿속에 떠올린 뒤 그것을 가지고 달리 할 수 있는 일을 생각해보라고 요구하는 문제를 당신은 이미 퍼즐 책에서 본 적이 있을 것이다. 이런 퍼즐은 한두 가지가 아니라 열 가지, 더 나아가 스물다섯 가지의 용도를 생각해내라고 요구한다. 간단히 말해 육체적 운동을 하는 것과 마찬가지로 정신을 스트레칭하라는 것이다.

고장 난 전구에 대해 이런 퍼즐 풀기를 한번 해보자.

잘 될 것 같지 않다. 그렇지 않은가? 얼핏 보기에는, 고장 난 전구를 가지고 할 수 있는 일은 전혀 없다. 그냥 내던져버리는 수밖에 없을 것 같다. 그러나 창조적인 사고를 시도해보자.

창조적인 사고를 위한 특별한 방법을 갖고 있지 않다면, 생각해낼 수 있는 용도는 두어 가지 정도에 그칠 것 같다. 전구에 색칠을 해서 크리스마스트리 장식물로 사용하는 것이 아마도 그 가운데 하나일 것이다. 이와 같은 아이디어를 좀 더 확장하면 작은 점멸등 전구를 멋진 귀걸이로 만들 수 있겠다. 그러나 당장 머릿속에 떠오르는 아이디어는 아마도 이게 전부일 것이다. 이제 우리는 겨우 두 가지 용도를 생각해냈을 뿐이다. 더 많은 아이디어가 필요하다.

기발한 연상이라는 방법을 이용해보자. 기발한 연상을 얼른 쉽게 해볼 수 있는 방식은 임의의 단어를 사용하는 것이다. 마침 내 책상 위에 널려있는 여러 가지 잡다한 물건들 속에 작가 빌 브라이슨의 책《햇볕에 그을린 나라》가 눈에 띈다. 쾌활한 내용의 호주 여행담이다. 임의의 재료로 삼기에 충분하다. 나는 눈을 다른 데로 돌린 채 책을 펼치고 아무 곳이나 손가락으로 짚는다. 그러고 나서 들여다보니 거기에 '코르크 같은(cork—like)'이라는 단어가 씌어있다.

이것은 분명히 임의로 선택된 것이다! 그곳에서 브라이슨은 어느 날 자기가 탄 비행기가 구름 속에서 어떻게 튀어나오는 듯했는지를 서술하고 있다. 이렇게 아무 단어나 임의로 선택하는 것이 또다시 바보스럽게 보일 것이다. 그러나 잠깐 멈추고 생각해보자. 이런, 말 그대로의 난데없는 촉발요소에도 어떤 가능성이 있을 수 있을까?

음…. 코르크가 병의 마개로 쓰이는 것처럼 고장 난 전구를 일종의 마개로 만들 수 있지 않을까? 또는 고장 난 전구 자체를 병 같은 것으로, 다시 말해 무엇인가를 담는 용기로 만들 수는 없을까? 나는 이렇게 자유로운 연상을 하다가 어떤 특선품 매장에서 본 물건이 떠올랐다. 그것은 원래 오래된 포도주병이었는데 중간에서 잘라 아래쪽 절반은 머그컵으로, 위쪽 절반은 거꾸로 돌려 포도주잔으로 만든 것이었다. 전구도 그런 식으로 만들어볼 수 있지 않을까? 물론 전구의 유리는 포도주병의 유리보다 훨씬 얇다. 그러나 그렇게 얇게 만들어진 포도주잔도 있다. 세련미를 주기 위해서다. 그렇다면 전구로 샴페인잔을 만들어보는 건 어떨까? 깨지기 쉬워 보이는 것 자체가 매력의 요소가 될 것이다.

이미 알아챘겠지만, 내가 조금 전에 생각하고 있었던 것에 비하면 이것은 정말로 새로운 아이디어이고, 분명히 '상자 밖'의 생각이다. 내가 임의로 선택한 단어를 기계적으로 '적용'하기만 한 것도 아니다. 즉 샴페인잔은 코르크 같은 것이 아니고, 코르크를 갖고 있는 물건도 아니다. '코르크 같은'이라는 촉발요소는 그것이 해주기로 돼있는 일을 해주었을 뿐이다. 그것은 나로 하여금 새로운 길로 나서도록 해주었다. 그래서 나는 새로운 길로 나선 것이다. 어떤 하나의 자유연상은 또 다른 자유연상의 영역을 열어준다.

어쨌든 이런 기발한 연상법에는 무언가 장점이 있다.

브라이슨의 책에서 두 번째로 내 손가락에 집힌 단어는 '싸움터(battlefield)'다. 음…. 전구의 베이스 부분을 손에 쥔 채 전구를 내리쳐 깨뜨리면 뾰족뾰족하게 날이 선 유리가 남을 테니 그것을 무기로 사용할 수 있지 않을까? 전구라는 것은 거의 모든 곳에 다 있는 물건이다. 그러니 위기에 몰릴 때에는 언제든지 전구를 깨뜨려서 무기로 사용할 수 있을 것이다.

세 번째 단어는 '호감이 가는(likeable)' 이다. 음…. 전구에 빨간색 칠을 한 뒤 그것을 누군가에게 밸런타인데이 선물로 보낼 수 있을지도 모른다. 사랑이란 깨지기 쉬운 것이니까.

네 번째 단어는 '더 많은(more)' 이다. 이건 흔하고 평범한 단어다. 그러나 예단하지는 말자. 그래, 더 많은 게 뭐지? 전구? 아니면 각각의 전구가 더 많은 용도를 갖는다? 아하! 어쩌면 재활용이 가능한 전구를 만드는 방법을 생각해낼 수도 있겠다. 필라멘트만 새것으로 갈아 끼우면 다시 쓸 수 있는 전구를 만들어낸다면 유리 부분은 계속 재활용할 수 있을 것이다. 이런 아이디어가 머리에 떠오르게 된 데는 '더 많은' 이라는 단어 자체 외에 또 다른 연상도 작용했다. 이미 신형 자동차 전조등이 이렇게 만들어진다. 구형 전조등은 전체가 하나의 커다란 전구처럼 만들어졌지만, 신형 전조등은 반사경과 렌즈를 차체의 일부로 장착하는 방식으로 만들어진다. 교체해줘야 하는 것은 오직 그 안에 끼워 넣는 작은 관 모양의 전구뿐이다. 필라멘트를 갈아 끼울 수 있는 전구라는 아이디어에 대해 어떻게 생각하는가? 완전히 새로운 사업기회가 될지도 모르겠다.

이런 기발한 연상을 계속 더 연습해볼 수도 있다. 이제 당신은 감 잡았을 것이다. 위와 같은 매우 단순한 사례들에서도, 게다가 임의로 선택한 단어를 갖고 가장 단순하게 연상을 해보는 것만으로도 새로운 아이디어를 많이 얻었다. 이렇게 새로운 아이디어를 어느 정도 만들어내게 되면, 애초에 우리의 사고를 제약했던 틀이 이제는 우리의 눈에 보이기 시작한다. 예컨대 보통의 상상력으로는 전구라고 하면 전등소켓 같은 곳에 끼워 넣었다 뺐다 할 수 있는, 손상되지 않은 전구가 머리에 떠오른다. 그것은 그야말로 '정상적'인 형태를 갖고 '정상적'인 위치에 있는 전구다. 그런데 임의의 촉발요소는 '비정상적'인 것 쪽으로 우리를 떠민다. 우리가 필요로 하는 것, 즉 촉발요소가 우리에게 해주었으면 하는 것은 바로 이런 떠밀림을 몇 차례 당하는 것임이 분명해졌다.

우울한 날씨예보

이제 기발한 연상 방법을 실제의 경우에 적용해보자. 당신이 한 지역방송국의 프로그램 관리자인데 한 가지 문제에 부닥쳤다고 하자. 당신은 다른 프로그램들도 물론 관리하지만 무엇보다 뉴스와 날씨보도를 책임지고 있다. 그런데 시청자들이 특히 날씨 프로그램을 외면하고 있다는 사실을 알게 됐다. 뭔가 새로운 아이디어가 필요하다. 그것도 아주 빨리.

문제는 날씨예보라는 것이 그 본성상 신뢰도가 낮고 잘 들어맞지 않는다는 데 있다. 날씨를 예측하는 것은 과학이기는 해도 부정확한 과학일 뿐임을 모든 사람이 알고 있다. 그럼에도 대부분의 사람들은 날씨예보에 대해 불평을 늘어놓는다. 실제 날씨가 예보와 다를 때면 사람들의 불평은 더욱더 커진다. 그렇다고 해서 프로그램 관리자인 당신이 날씨에 관한 프로그램에서 날씨를 예측하는 부분을 빼버릴 수는 없다. 그러나 날씨를 예측하는 부분이 날씨 관련 프로그램 전체의 시청률을 높이는 데 도움이 되지 않는다는 것도 당신은 알고 있다. 당신 역시 날씨예보가 그다지 흥미롭지 않다고 생각한다.

하나의 자연스러운 전략은 보다 정확한 날씨정보를 구하는 것이다. 그러나 이런 전략에는 한계가 있다. 새로 구한 날씨정보는 보다 정확한 것일 수는 있지만, 생각만큼 시청자들의 관심을 유발하지는 못할 것이다. 당신은 뭔가 다른 방향으로 창조적인 사고를 해야 할 필요가 있다. 그런데 그건 어떤 방향인가?

여기서 다시 임의적인 촉발요소를 만들어보자. 이번에는 사전을 이용해보는 게 좋겠다. 실제로 내가 사전의 '피(P)' 부분을 임의로 훑어 내려가면서 자유연상을 해보겠다. 잊지 말아야 할 것은 엄격한 규칙은 전혀 없다는 것이다. 첫 연상은 물론 후속 연상도 '임의적'일 수 있으며, 반드시 그래야 하는 경우도 많다. 촉발요소로 단어를 몇 개 잡아 자유연상을 하고, 그 결과가 어디에 이르는

지를 보자.

이렇게 해서 처음으로 내 눈에 띈 단어는 '파르치지(Parcheesi, 인도식 주사위 놀이—옮긴이)' 다. 파르치지는 게임의 일종이다. 그렇다면 날씨예보도 일련의 사실들만 전달하는 프로그램이 아닌 일종의 게임 프로그램으로 방송할 수 있지 않을까? 재미있는 발상이다. 그런데 어떤 종류의 게임이 가능할까? 두 명의 날씨예보자를 내세워 서로 경쟁하도록 하는 것은 어떨까? 두 예보자가 다소 다른 날씨예측을 하도록 하고, 방송국이나 시청자들이 점수를 매기는 것이다.

이런 생각을 하다 보니 또 다른 아이디어가 떠오른다. 날씨예보를 일종의 코미디로 방송할 수도 있지 않을까? 날씨의 불확실성과 예보의 부정확성 자체를 이용해 날씨예보를 웃기는 프로그램으로 만드는 것이다. 날씨예보자는 비가 오지 않을 것이라고 했는데 실제로는 비가 온다면 그 예보자로 하여금 비를 흠뻑 맞게 하는 것은 어떨까?

여기서 당신은 시청자들의 관심을 끌 수 있는 새로운 종류의 어떤 근사한 날씨 프로그램을 얼마든지 만들어낼 수 있음을 깨달았을 것이다. 앞에서 이야기한 방법들 가운데 어느 방법을 쓰더라도 당신의 방송국은 극적으로 시청률을 높일 수 있을 것이다. 그런데 아직은 겨우 하나의 단어만 이용했을 뿐이다.

그 다음 단어는 '파리(Paris)' 다. 그래, 지금 파리의 날씨는 어떻지? 시청자들이 지금 파리의 날씨에 관심을 갖고 있을까? 아마 그럴 것이다. 날씨 전문 채널의 인기도를 보라. 그렇다면 날씨가 앞으로 어떻게 될 것인가 하는 것보다 이곳과 다른 곳들의 날씨가 지금 어떠한지를 더 강조하는 방식으로 날씨보도를 하는 것도 괜찮을 수 있다.

이어 '행성의(planetary)'. 당신의 방송국은 달, 별, 혜성을 비롯한 행성의 움직임과 일식이나 월식과 같은 천문현상을 더 많이 보도할 수도 있다. 이런 종류의 천문현상은 날씨와 달리 예측이 사실상 가능하다. 게다가 천문현상은 그 자체가 아름답고, 사람들에게 흥미를 불러일으킨다.

'대통령(president)'. 날씨보도를 마치 대통령 후보들이 토론을 벌이듯이 토론하는 프로그램으로 만들어보는 것은 어떨까? 서로 경쟁하는 복수의 날씨예보자가 토론을 하게 하는 것이다. 이는 날씨 프로그램으로서는 특이한 방식이겠지만, 사람들의 관심을 끌어모을 수 있고 다소간의 유머와 교육적인 요소를 포함시키기에도 적합하다.

'교장(principal)'이라는 단어도 교육적인 요소에 대해 생각하게 한다. 날씨보도가 단순히 날씨에 관한 예측을 전달하는 것에 그치지 않고 시청자들에게 뭔가를 배우는 경험을 하게 하는 것이다. 날씨는 왜 그렇게 복잡하며, 지금의 날씨를 만들어낸 요인들은 어떤 것인가를 알려주는 것이다. 이렇게 하는 것은 결국 날씨의 불확실성 자체를 기회로 활용하는 것이다. 정확한 예측을 해야 한다는 조바심보다는 오히려 모험심과 호기심을 갖고 날씨 문제에 접근할 수는 없을까? 날씨보도는 신뢰도가 낮은 것이 틀림없지만, 신뢰도가 낮다는 것 자체가 날씨보도를 흥미로운 프로그램으로 만들어줄 요소일 수도 있지 않을까?

'상(prize)'이라는 단어는 게임과 경쟁을 연상시킨다. 베팅을 하게 하는 것은 어떨까? 시청자들이 전화나 인터넷을 통해 날씨보도의 정확성을 놓고 베팅을 하게 하는 것이다. 이렇게 하면 방송국은 실시간 시청률이 높아지는 효과를 거둘 수 있고, 그 덕에 방송국에 도움이 되는 그 밖의 다른 이득도 얻을 수 있을 것이다. 또는 날씨예보가 틀렸을 때는 방송국이 시청자들에게 공짜로 비옷을 나눠주는 방법도 생각해볼 수 있겠다. 물론 그 비옷에는 방송국의 로고를 새겨야 할 것이다.

이 밖에도 더 많은 아이디어를 만들어낼 수 있다. 그러나 아이디어를 만들어내는 흥미로운 과정을 이쯤에서 중단하고 몇 걸음 뒤로 돌아가, 그동안 문제가 얼마나 많이 바뀌었는지를 확인해보자. 처음에는 문제가 도저히 풀릴 것 같지 않아 보였다. 날씨예보는 분명히 신뢰도가 낮으며, 사실 신뢰도가 낮은 게 정상이다. 그런데 이제 우리는 날씨예보의 문제를 보다 폭넓은 관점에서 보게 됐다. 날씨보도가 아무리 못 믿을 것으로 남아있다 하더라도 날씨보도의 창조적인 형식을 얼마든지 다양하게 생각해볼 수 있다. 새로운 아이디

어 가운데 일부는 날씨보도의 낮은 신뢰도 자체가 오히려 장점이
되도록 해주기도 한다. 이제 당신은 방송국의 프로그램 관리자로서
맡은 일을 아주 유능하게 해낼 수 있게 됐을 것이다.

여기서 가장 중요한 점은, 당신이 새로운 아이디어 만들기를 어
떻게 시작하는지를 알게 됐다는 것이다. 새로운 아이디어 만들기
는 벤치에 누워 역기를 드는 것과는 다르다. 새로운 아이디어 만들
기는 자신에게 좀 더 창조적이 되라고 강요해야 하는 문제가 아니
다. 그것은 결코 더 무거운 역기를 들어 올려야 하는 문제가 아니
다. 당신에게 필요한 것은 오히려 일종의 장난기다. 좀 더 가벼워
지라는 것이다. 새로운 방식으로 생각해보면서 뜻밖의 자극, 심지
어는 아무것이나 임의적인 자극을 찾아내는 것이다. 이렇게 하다
보면 마치 무중력 상태에서 유영하는 듯한 느낌이 들 것이다. 창조
성이 재미있는 것이면 안 되는 이유라도 있는가?

일단 이 정도만으로도 충분하다

우리는 이제 겨우 출발을 했을 뿐이다. 새로운 방식으로 생각하는
것이 어떤 것인지에 대해 감 잡았을 뿐이다. 나는 일단 여기서 자유
연상을 창조적 발상의 방법으로 이용하는 데 쉽게 참고할 수 있는
몇 가지 지침과 유의사항을 추가하고자 한다.

첫째, 촉발요소에 대해 예단하지 말라. 다시 말해 임의로 선택한 이미지나 단어를 가지고 실제로 연상을 시도해보기 전에는 그 이미지나 단어가 유용한 연상을 전혀 불러일으키지 못할 것이라고 단정하지 말라는 것이다. 그 이미지나 단어를 갖고 당신이 무엇을 할 수 있는지를 확인하는 데 필요한 최소한의 시간을 자신에게 부여하라. 예를 들어 3분 정도면 충분할 것이다. 타이머를 이용하는 것도 좋겠다. 3분이라면 생각보다 긴 시간일지도 모른다. 임의로 선택한 촉발요소가 무엇이든 간에 그 촉발요소를 갖고 적어도 3분간은 자유연상을 해볼 시간을 가져야 한다는 것이다. 촉발요소를 미리 걸러내며 선별하거나 촉발요소를 이용한 연상을 절반만 하고 중단한다면 그 촉발요소는 별로 효과를 내지 못한다. 그렇게 되면 당신은 벗어나려고 하는 틀을 벗어나지 못한 채 결국 그 속에 갇히게 될 것이다. 가장 효과가 없을 것처럼 보이는 촉발요소가 오히려 가장 효과적인 촉발요소일지도 모른다. 왜냐하면 그렇게 보이는 촉발요소야말로 당신을 '상자 밖'으로 가장 확실하게 끌어낼 수 있기 때문이다. 이는 물론 그런 촉발요소의 작용을 기꺼이 받아들이고 따를 자세가 돼있을 때 얘기다.

둘째, 방금 말한 것과 같은 이유에서 당신은 익숙하지 않은 연상이나 터무니없는 연상, 더 나아가 금기시되는 연상까지도 적극적으로 받아들여야 한다. 그런 연상도 괜찮은 아이디어를 떠올릴 수 있도록, 그리고 곧바로 해결할 수 없는 문제라면 그 문제를 우회할 수 있도록 도와준다. 다시 말하지만, 미리부터 걸러내는 일은 하지 말라. 그런 일을 할 시간은 나중에 많이 있다. 편집을 하기에 앞서 좋은 재료를 많이 만들어내는 것이 관건이다.

터무니없는 연상까지도 적극적으로 받아들이는 것이 얼마나 중요한지를 잘 보여주는 사례를 하나 소개한다. 그 사례는 독일의 선구적인 화학자 아우구스트 케쿨레(August Kekulé, 1829~1896)가 벤젠 분자구조의 문제를 해결한 방법이다. 케쿨레가 개발한 분자구조의 사슬모형은 다른 분자들에는 훌륭하게 들어맞았지만 벤젠 분자에는 영 들어맞지 않았다. 케쿨레는 7년간이나 이 문제를 갖고 씨름했다. 그러던 어느 날 그는 난로 앞에서 졸다가 잠들었는데 꿈에서 자기 꼬리를 물고 있는 뱀을 보았다. 잠에서 깨어난 그는 벤젠 분자가 긴 사슬 모양이 아니라 고리 모양일 수 있음을 깨달았고, 결국 자기를 괴롭히던 문제를 해결할 수 있었다. 만약 그가 잠에서 깨어났을 때 화를 내며 "자기 꼬리를 물고 있는 뱀이라니! 이런 터무니없는 꿈은 잊어버리고 다시 내 문제를 푸는 일이나 하자!"고 생각했다면 결코 그 문제를 풀지 못했을 것이다.

셋째, 꾸준히 계속하라. 브레인스토밍에 참가한 사람들에게는 최대한 많은 아이디어를 내놓으라고 요구해야 최선의 아이디어가 나오는 경향이 있다는 사실이 많은 연구보고에 의해 입증되고 있다. 반면 브레인스토밍에 참가한 사람들에게 곧바로 가능한 한 최선의 아이디어를 내놓으라고 요구하면 그들은 자기들이 생각해낸 꽤 괜찮은 아이디어를 더 정교하게 다듬는 일을 중단해버리고 만다고 한다. 너무 일찍 그만두지 말라. 네 번째 아이디어, 열네 번째 아이디어, 심지어는 마흔 번째 아이디어가 실로 천재적인 아이디어일 수 있다.

마지막으로 넷째, 어떤 창조적인 사고를 해보려고 하지는 않고 지레 스스로에게 "나는 원래 창조적이지 않아"라고 말해서는 절대로, 절대로, 절대로 안 된다. 창조성은 유전자의 문제가 아니다. 창조성은 바로 이 책 안에 들어있다. 그리고 지금 당신의 눈앞에 이 책이 놓여 있다. 그 내용을 활용하라!

연습문제

1. 우리가 일상에서 사용하는 온갖 종류의 물건에 대해 그 새로운 용도를 생각해보면서 기발한 연상이라는 방법을 실습해보라. 더러워진 양말, 볼펜, 시멘트 블록, 버려진 스티로폼, 포장용기, 고양이용 변기에 까는 모래와 같은 가장 흔하고 따분한 물건도 괜찮다.

먼저 열 가지 아이디어를 내보고, 그 다음에는 열다섯 가지, 스무 가지 식으로 생각해내야 할 아이디어의 가짓수를 늘려가라. 친구들한테 같이 해보자고 권해보라. 근사한 아이디어를 낸 사람들에게 상을 주고, 그 가운데 최선의 아이디어는 그것을 필요로 하는 사람에게 팔 수도 있을 테니 파는 방법도 생각해보라.

임의의 단어를 이용하는 방법을 써서 학교의 스포츠팀이나 전문적인 스포츠팀에 붙일 수 있는 새로운 이름을 생각해보라. 지금 당장 생각나는 이름은 기껏해야 두세 가지 유형에 지나지 않을 것이다. 대체로 호크스(매)나 타이거스(호랑이)와 같은 맹수의 이름, 어벤저스(보복자)나 스파르탄스(스파르타인)처럼 호전적인 태도를 상징하는 이름, 축구팀 이름에 유난히 많이 들어가는 '유나이티드'라는 단어처럼 각각의 스포츠에 특유한 이름 정도일 것이다. 이밖에 어떤 이름이 가능할까? 음악의 용어를 스포츠팀 이름으로 사용하면 안 될까? 잠발라이아(클리올계 미국인들이 먹는 스튜 음식-옮긴이), 프리카세(송아지나 닭고기를 잘게 썰어 만든 스튜 또는 찜 요리-옮긴이), 카옌고추와 같은 음식의 이름은? 풍경을 가리키는 말, 멋있는 색깔 이름, 또는 뭔가 새로 지어낸 말은?

레스토랑의 이름이나 가게의 이름에 대해서도 생각해보라.

창조적인 글쓰기에도 이와 똑같은 방법을 시도해볼 수 있다. 글로 쓸 이야기 전체를 이런 방법으로 지어낼 수도 있고, 시를 쓴다면 이런 방법으로 신선한 시어를 만들어낼 수도 있을 것이다.

2. 기발한 연상이라는 방법으로 주위의 가까운 곳에서 발견할 수 있는 작지만 성가신 일상의 문제를 해결해보라. 큰 문제는 나중에 얼마든지 다루게 될 것이다. 자신에게 보다 거친 생각을 할 수 있는 여유를 주라. 몇 가지 새로운 가능성들을 떠올려보라. 흔히 고려하는 선택지의 수를 세 배 또는 다섯 배로 늘려보라. 그리고 생각난 것들을 메모해두어라. 당신은 그 메모를 다시 필요로 하게 될 것이다.

■ 따분한가? 따분함을 없앨 수 있는 새로운 아이디어를 내보거나, 따분함을 소재로 한 사업을 구상해보라. 따분한 사람들을 위한 핫라인 상담 서비스는 어떨까? 따분한 사람이 전화를 걸어오면 재미있는 조크를 들려주거나 창조적인 제안을 해주거나 하는 것이다. 새로운 게임을 생각해볼 수도 있겠다. 누군가 다른 사람이

된 것처럼 행동해보거나 실제로 다른 사람과 역할을 바꿔보는 것이다. 동네 아이들과 놀아보는 것은 어떨까? 어린아이들과 무슨 놀이든 같이 해보는 것도 괜찮다. '삶의 재미가 지나친가?'를 슬로건으로 내걸고 따분함을 오히려 장점으로 활용해보는 것은 어떨까? 이것이 좋은 생각이라고 생각한다면 어떤 방법으로 그렇게 할 것인지를 궁리해보라.

■ 저렴한 여행상품이 없는 데 대해 어떻게 생각하는가? 당신은 완전히 다른 방식의 여행을 생각해낼 수 있는가? 또는 익숙한 여행수단을 완전히 다른 방식으로 이용하는 법은? 유럽과 호주에는 아주 작은 마을들에도 저렴한 유스호스텔이 있다. 미국에도 그런 유스호스텔이 있게 하려면 어떻게 해야 할까? 어떻게 해야 더 저렴한 여행을 할 수 있을까?

■ 쓰레기, 늘 켜져 있는 전등, 버려지는 엄청난 양의 신문 등 폐기물과 자원낭비 문제에 대해 어떻게 생각하는가?

■ 요즘 미국인들이 텔레비전을 보는 시간은 1년에 총 2500억 시간에 이른다. 초등학교 학생들이 텔레비전을 보는 시간은 하루 평균 4시간이다. 당신도 그렇지 않은가? 사람들이 너무 많은 시간을 텔레비전을 보는 데 허비한다고 여긴다면, 이 문제를 어떻게 다뤄야 할지 생각해보라.

■ 좋은 탁아시설을 찾아내기란 어려운 일이다. 어린 자녀를 두고 있는 수많은 가정을 위해 좋은 탁아시설을 제공한다는 것은 더

욱 어려운 일이다. 이 문제에 어떻게 대응해야 할까?

■ 학교와 학교수업의 일반적인 문제점으로는 어떤 것들이 있을까?
구체적인 문제점의 목록을 작성해보라. 학교와 학교수업을 개선
하기 위해 당신이 지금 당장 실제로 변화시킬 수 있는 것으로는
어떤 것이 있을까?

■ 당신은 차를 몰고 가다가 공영 라디오 방송을 틀어보고는 "또 모
금 캠페인이냐!"라며 투덜댄다. 그러나 그렇다고 해서 라디오
채널을 다른 데로 돌려버리지 말고, 기발한 연상이라는 방법을
이용해 공영 라디오 방송을 위한 실시간 모금운동의 대안을 생
각해보라. 방송국에 전화를 걸어 당신이 생각해낸 좋은 아이디
어를 말해주는 게 어떨까? 좋은 아이디어를 말해주는 것도 공영
라디오 방송에 기여하는 행동이다.

■ 자동차 운전과 관련해서는 난폭하고 무례한 운전을 하는 사람들
도 문제다. 적색 신호등을 무시하고 그냥 내달리는 운전자, 자기
차를 앞차에 바짝 붙여 위협운전을 하는 사람, 과속운전을 하는
사람…. 이런 운전자들을 어떻게 다뤄야 할까? 또 교통체증 문제
는 어떻게 해결해야 하나? 학교나 주거지역 주변의 주차 문제는?

선택의 범위를
넓혀라

우리는 앞에서 창조적 사고를 하는 방법 한 가지만을 자세하게 살펴봤다. 그것만으로도 '상자 밖에서 생각하기'가 실제로 어떤 것인가에 대해 감을 잡기에는 충분하다. 가장 중요한 점은 창조적 사고를 하기 위해 무엇이 필요한지를 이제 알게 됐다는 것이다. 그것은 탐색해보는 태도, 그리고 새로운 아이디어와 시각을 찾는 과정에서 문제가 된 상황을 조금 뒤흔들어보겠다는 자세다. 물론 가장 중요한 것은 '방법'이다.

이제 속도를 높일 준비가 됐다. 이번 장에서는 창조적 사고의 방법을 더 많이, 다양하게 소개하겠다. 그 모두가 똑같이 탐색의 정신을 필요로 한다.

공론화하라

다른 사람들은 우리가 갖고 있지 못한 경험과 우리가 아직 생각해보지 못한 아이디어를 갖고 있다. 다른 사람들은 우리가 상상하지도 못하는 방식으로 세상일을 바라볼 수 있다. 누군가 다른 사람이 우연히 입 밖에 낸 반 토막의 말이 그동안 당신이 가져보지 못한 관점을 제시해줄 수 있다. 물론 그러려면 당신이 먼저 질문을 던져야 하고, 다른 사람들의 말에 귀를 기울일 자세가 돼있어야 한다. 이처럼 그저 다른 사람에게 말을 거는 것만 해도 생각을 다양화하고 발전시키는 한 가지 중요한 방법이 된다. 그 즉시 당신은 새로운 견해와 시각을 얻게 될 수 있다.

아무라도 상관없으니 누구에게든 이런 방법을 한번 시도해보라. 그동안 말을 걸어보지 않은 사람에게도 시도해보라. 그리 도움이 될 것 같지 않아 보이는 사람에게도 시도해볼 필요가 있다. 어쩌면 바로 그런 사람이 특히 도움이 될 수 있다. '촉발요소'를 걸러내거나 예단하는 것은 지금 갇혀있는 틀 속에 그대로 머물러 있고자 할 경우에만 좋은 방법이라는 점을 잊지 말라. 부모로서 나는 내 아이들에게 질문을 던지다가 뭔가를 배우는 경험을 거듭 했다. 그 아이들이 제대로 말을 하지 못할 때에도 그랬다. 방을 장식하는 문제나 휴가계획과 같은 가족의 일에 대해 나는 아이들에게 그들의 생각을 물어보고 제안을 해보라고 했다. 아이들은 적어도 내게는 전혀 뜻밖인 시각이나 관점을 갖고 있기 때문이다.

'공론화'를 하는 좀 더 조직적인 방법은 브레인스토밍이다. 이 것은 여러 사람이 새로운 아이디어를 만들어내기 위해 거치는 집단적인 과정이다. 우리는 창조적 사고의 시도를 모두 '브레인스토밍'이라고 뭉뚱그려 말한다. 하지만 이 말은 구체적인 연원을 갖고 있다. 광고 전문가인 앨릭스 오스본(Alex Osborne)이 집단적인 창조성을 촉진하기 위한 의도적 과정으로 1939년에 브레인스토밍을 고안해냈다. 브레인스토밍의 가장 중요한 규칙은 비판을 유보하는 것이다. 있을 수 있는 난점이나 문제점에 곧바로 관심을 집중시키지 않으면서 모든 새로운 아이디어를 환영하는 것이다. 이런 식으로 하면 아직 제대로 부화하지 못한 단계에 있는 새로운 생각들이 더 발전하거나 다른 생각들과도 연결될 여유를 갖게 되며, 어떤 새로운 생각이 브레인스토밍에 참가한 사람들을 차례로 돌면서 뭔가 다른 새로운 생각을 불러일으키게 된다. 이런 과정을 거친 다음에는 문제점들을 살펴볼 수 있게 된다.

새로운 제안이 나오면 곧바로 그 제안에 의문을 제기하는 방식으로 대응하고자 하는 유혹을 느끼는 것은 자연스런 현상이다. 그러는 것이 어떤 면에서는 보다 안전한 길일 수도 있다. 그러나 그런 태도는 효과가 없을 수 있고, 사람들이 싫어할 수도 있다. 브레인스토밍은 이와 정반대의 태도를 우리에게 요구한다. 어떤 새로운 아이디어가 나오면 그것이 왜 말이 안 되는 아이디어인지를 생각하기보다는 그것이 어떻게 말이 되는 아이디어인지를 생각해보라는 것이다. 조잡하고 분명히 비현실적인 아이디어라고 하더라도 그것이 브레인스토밍에 참가한 사람들을 돌다 보면 뭔가 훨씬 더 현실적인 것으로 발전할 수 있고, 그러는 사이에 그 아이디어가 다른 새로운 아이디어를 촉발할 수도 있다. 아이디어가 서로 목말을 타게 되는 것이다. 그러나 먼저 당신이 그렇게 되도록 도움을 주어야 한다.

패스트푸드 레스토랑 주위에 버려지는 쓰레기의 문제를 예로 들어보자. 다음은 이 문제에 관한 몇 마디의 대화다.

A: 저런 포장지나 캔을 생산하느라 소모하는 에너지의 양이 패스트푸드나 음료에서 우리가 얻는 에너지의 양보다 크다는 사실을 깨닫는다면 재활용이 훨씬 더 잘 이루어질 텐데.

B: 그렇지? 포장지와 캔을 우리가 먹을 수 없다는 게 유감이야.

C: 말도 안 되는 소릴 하고 있군.

D: 글쎄, 정말 말도 안 되는 소릴까? 만약 포장지와 캔을 먹을 수 있게 된다면 어떨까?

B: 아이스크림콘 같은 것이 되겠지. 우리는 아이스크림을 다 먹고 나면 그것을 담고 있던 콘 부분까지도 먹어치우잖아. 문제될 게 없어.

A: 콘 부분이 더러워진다 해도 문제될 건 없어. 적어도 개는 더러워진 콘이라도 먹고 싶을 거야.

D: 더러워진다고? 그게 문제라면 포장지나 캔을 쉽게 썩는 재료로 만들면 되지 않겠어? 말하자면 물과 햇빛만 있으면 몇 주 안에 분해되는 재료로 말이야.

B: 지금도 신문은 갈기갈기 찢어서 나무나 풀의 뿌리를 보호하기 위한 멀칭 용도로 정원의 흙을 덮어주는 데 쓰잖아. 포장지나 캔도 그렇게 할 수

있도록 만들면 안 되나?

이 짧은 대화에서도 '상자 밖'의 생각인 새로운 아이디어가 적어도 두 개는 나왔다. 하나는 포장지와 캔을 먹을 수 있는 것으로 만든다는 것이고, 다른 하나는 쉽게 썩는 포장지와 캔을 만든다는 것이다.

이런 아이디어가 나오기까지 얼마간의 시간이 걸렸다는 점에 주목하기 바란다. 여기서 가장 중요한 것은 귀 기울여 듣고 '점화'를 하는 것이다. 다른 아이디어를 곧바로 비판하거나 판단하지 말라. 다른 아이디어가 더 많이 나오게 해야 더 많은 연상을 할 수 있고, 다음 단계로 넘어갈 수 있게 된다. 이 점은 공식적인 브레인스토밍에서도 중요한 지침으로 간주된다. 오스본은 이렇게 하는 것을 가리켜 '다른 아이디어들에 올라타기'라고 불렀다. 처음에 시작할 때는 사람들로 하여금 재활용을 좀 더 많이 하게 하는 방법을 생각해보는 정도였다. 그러나 결과적으로 우리는 쓰레기로 버려지는 것을 먹는다는 생각에까지 이르렀다!

C는 참으로 가엾은 친구다. 그는 다른 사람들의 아이디어를 더 많이 끌어내고 발전시키고 심화시키거나 더 나아가 대안을 제시하는 것이 아니라, 다른 사람들의 아이디어에 대해 그저 판단이나 내리는 것이 자기가 할 일이라고 생각하는 것 같다. C와 같이 반응하는 태도는 대화를 탈선시킬 수 있다. 위 대화에서 C 외의 다른 사람

모든 새로운 제안이 다음과 같은 대꾸에 부닥치게 되는 회의의 모습을 상상해보라.

- 그렇게 해봐야 아무런 효과도 없을 거야.
- 우리는 그런 식으로는 해본 적이 없어.
- 그러면 윗사람이 좋아하지 않을 걸.
- 그게 그렇게 좋은 아이디어라면 왜 그동안 아무도 시도한 적이 없지?

어떤 일이 벌어질지는 뻔하다. 조금만 시간이 지나면 아무도 제안을 하려고 하거나 제안된 것을 탐색하려고 하지 않게 된다. 회의가 방어전처럼 되고, 가장 소극적인 아이디어만이 채택될지도 모른다.

창조적 사고를 하는 사람들은 이런 식으로 대꾸하는 대신 질문을 던진다. 개방적이고, 탐색적이며, 물론 제시된 아이디어를 뒷받침하는 방식의 질문을 던지는 것이다. 질문을 던질 때 사용되는 몇 가지 건설적인 표현은 다음과 같다.

- 그게 그렇다면 놀라운 일이군. / 왜 그게 그런 건지 모르겠군. / 그건 그런 게 아니라 이런 거 아닐까?
- 그렇게 해볼 수도 있겠네. / 만약 이렇게만 한다면 그것도 좋겠군.
- 어떻게 해야 그게 가능하지?

에드워드 드 보노는 이 가운데 마지막 표현을 IWW(In What Ways?, 어떻게 해야?)라는 두문자 약어로 불렀다. 이는 당신이 어떤 주장을 펴기 직전에 마음속으로 말하거나 종이 위에 쓰기에 알맞은 간편한 약어라고 할 수 있다. "사람들은 결코 그렇게 하지 않을 거야"라고 말하는 대신 "어떻게 해야(IWW) 사람들이 그렇게 하기 시작할까?"라고 말하라. 이렇게 말하는 것은 말 자체로는 별것 아닐 수 있지만 관념상으로는 하나의 도약이다. 위에 나온 첫 번째 표현들은 단호한 거부에 해당된다. 두 번째 표현들은 일종의 질문이다. 그것은 가능성에 대한 탐색을 같이 해보자고 하는 권유다.

들이 새로 나온 아이디어를 대하는 태도에 주목하라. C 외에는 모두가 계속해서 개방적으로 생각한다. 새로운 아이디어도 끊이지 않고 흘러나온다. 그리고 결국에는 C도 태도를 바꾼다.

어쨌든 먹을 수 있는 포장지도, 썩는 포장지도 이미 개발되고 있다. 이 두 가지 아이디어는 '거친' 것이지만 실현이 가능한 것으로 이미 입증되고 있는 것이다.

비교하고 대조하라

우리에게 엉터리없는 것으로 보이는 방식이 다른 때에, 또는 지금도 다른 곳에 사는 어떤 사람들에게는 정상적인 방식일 수 있다. 그들은 그런 엉터리없는 방식에서 무언가를 배운 것일까? 그렇다면 우리도 그들처럼 배울 수 있을까? 적어도 인간의 삶이 지닌 엄청난 다양성이 새로운 아이디어의 훌륭한 원천이 된다. 물론 그 새로운 아이디어를 궁극적으로 우리가 그대로 또는 적절히 수정해 받아들일 것인지 말 것인지는 별개로 보면 그렇다는 말이다. 간단히 말해, 다른 사람들로부터 배우는 방식이 대화나 브레인스토밍에 국한될 이유가 없다. 우리는 역사적 비교나 문화권 사이의 비교를 통해서도 역시 뭔가를 배울 수 있다.

호주 사람들은 먼저 대학에 다니고 학비는 나중에, 즉 돈을 벌게 됐을 때 내면 된다는 사실을 아는가? 암스테르담에서는 마리화나가 합법화됐지만 그 결과가 재앙이 아니었다는 사실을 아는가? 미국의 화장실에 설치되는 밸브형 변기는 누수로 인해 엄청난 양의 물을 낭비하게 하지만 영국의 화장실에서는 누수가 전혀 일어나지 않는다는 사실을 아는가? 대부분의 전통적인 사회는 배우자를 선택하는 문제에서 쉽게 마음이 흔들리는 동시에 비현실적인 젊은이들이 스스로 내리는 판단을 믿기보다는 그들이 제 짝을 올바로 찾아낼 수 있도록 도와주는 중매쟁이를 두고 있다는 사실을 아는가?

싱가포르의 택시와 트럭은 작은 경보장치와 경광등을 달고 있다. 차가 과속으로 달리면 그 경보장치와 경광등이 켜진다. 그래서 운전자가 과속으로 차를 모는 것을 모든 사람이 알게 되며, 경찰이 전파탐지기를 갖고 있을 필요가 없다. 이런 경보장치나 경광등 가운데는 과속으로 차를 몬 운전자가 경찰서에 가서 벌금을 내기 전에는 꺼지지 않도록 만들어진 것도 있다. 이런 것을 미국에 도입해선 안 될 이유가 있는가?

많은 지중해 연안 국가들이 시에스타, 즉 한낮에 여러 시간에 걸쳐 조용히 휴식을 취하는 제도를 실시하고 있다. 이런 것을 미국에 도입해선 안 될 이유가 있는가? 시에스타는 하루의 일을 모두에게 똑같은 여덟 시간 안에 몰아넣는 대신에 이런 일의 몰림을 완화시킨다. 게다가 시에스타는 미국의 에너지 소비를 줄이는 데도 도움이 될 수 있다. 왜냐하면 하루 중 가장 더운 시간에 일손을 놓는다는 것이 시에스타의 중요한 부분이기 때문이다.

내가 재직하고 있는 대학의 힌두인 동료교수는 중매결혼을 옹호한다. 미국에서는 요즘 결혼하는 사람들 가운데 거의 절반이 이혼하는데, 이런 미국식 결혼보다는 중매결혼이 실패할 확률이 낮다고 그는 말한다. 기존의 미국식 결혼보다는 뭔가 더 나은 결혼방식이 강구돼야 한다고 생각하지 않는가? 중매쟁이는 어떤가? 현대화되고 미국화된 중매쟁이는 어떤 모습일까? 여기에는 어떤 커다란 사업기회가 있을 수도 있다.

어쨌든 이제 당신은 아이디어가 어떻게 흘러나오기 시작하는지를 알게 됐을 것이다. 더 나아가 지금 우리에게 완전히 수렁에 빠진 것처럼 보이는 문제가 다른 사람들에게는, 그리고 다른 때에는 우리 자신에게도 아무런 문제도 안 된다는 사실을 알게 됐을 것이다. 예를 들어 미국에서 지난 삼십 년 동안 가장 첨예한 사회적 갈등요인이 돼온 낙태 문제만 해도 대부분의 다른 나라들에서는 거의 쟁점도 안 된다. 미국에서 그 문제가 쟁점이 되는 이유와는 다른 이유 또는 정반대의 이유에서 쟁점이 안 된다. 역사적으로 보면 미국에서도 과거에는 낙태 문제가 그다지 큰 쟁점이 아니었다. 과거에 어쩌다 낙태 문제가 쟁점이 됐을 때에는 오히려 진보적 자유주의자들이 낙태에 의문을 제기했고, 보수주의자들은 원래 낙태규제법의 완화를 선호했다. 이것이 사실인지를 직접 한번 확인해보라. 물론이와 같은 역사 그 자체가 자동적으로 해법을 내주지는 않는다. 그러나 역사는 우리에게 어떤 가능성을 감지하게 해준다. 문제 자체가 보기보다 다양한 해법의 가능성을 갖고 있는 것이다. 우리는 단지 지금 당장에만 궁지에 몰려 옴짝달싹하지 못하는 것이거나, 그런 처지에 빠진 것처럼 보일 뿐이다.

얼마간의 탐구를 해야 할 필요가 있을 수는 있다. 비교되는 것이나 대조되는 것을 들여다보라. 암스테르담에서는 마리화나가 합법이며 문제가 되지 않는다는데, 왜 그럴까? 단지 몇 개의 법률만이 다를 뿐이라고 가정하지 말고, 그 이유를 알아보라! 일본에서는 낙태가 그다지 사회적 쟁점이 되지 않는다고 하는데, 왜 그럴까? 일

힌트 얻기

이제 당신은 창조성에 원료가 되는 것들이 주변에 늘 널려 있음을 알아차리기 시작했을 것이다. 다른 사람들의 즉흥적인 말은 물론이고 자신의 즉흥적인 말도 창조성의 원료가 된다. 이 밖에 어린아이의 허짤배기소리, 다른 장소 또는 다른 시대의 기이한 사실, 우연히 듣게 되는 임의의 말도 그렇고, 심지어는 타이프를 치다가 우연히 잘못 친 단어도 그렇다. 꿈도 그렇지만, 더 나아가 농담도 그렇다. 꿈이나 농담은 여러 가지 상징이나 관념들을 뜻밖의 암시적인 방식으로 결합시켜줄 수 있다.

이 모든 것에 대해 개방적인 자세를 유지해야 한다. 보통 우리는 이런 것들을 일축하거나 무시하며, 심지어는 성가시다고 생각한다. 그리고 이렇게 말한다. "농담, 사소한 것들, 그리고 꿈이? 정말로 그런 것들이?" 그러나 다시 강조하지만, '세트'를 깨뜨리고, 습관적인 틀에서 벗어나고, 상자 밖에서 생각하려면 그런 것들의 도발을 환영해야 한다. 물론 그런 것들은 처음에는 비현실적으로 보이거나 문제와는 관련 없어 보일 것이다. 그러나 그런 것들이 힌트를 주고, 제안을 하고, 가능성을 제시해주는 것이라고 가정하라. 단지 그렇게 가정하기만 하라는 것이다. 자

본인들은 낙태 문제를 어떻게 다루고 있을까? 그들은 낙태를 인정하고, 그것을 마무리하는 특정한 의식을 치른다고 한다. 그렇다면 미국에서는 왜 그렇게 하지 않는가?

과장하라

기발한 연상은 자신에게 거친 도발이 되는 것을 의도적으로 만들어내는 방법이다. 하지만 그것은 그런 방법들 가운데 하나일 뿐이

이제 도발당할 준비가 되었는가?

이와 다른 종류의 '힌트'도 있다. 우연한 힌트를 예로 들 수 있겠다. 끈끈한 종이쪽지인 포스트잇은 스리엠(3M)이라는 기업이 정말로 강력한 접착물을 개발하는 과정에서 의도하지도 않았는데 우연히 발견하게 된 부산물이다. 스리엠의 개발자들은 강력한 접착물을 개발하려고 했지만 실제로는 오히려 아주 약한 접착물을 만들어냈다. 실패였을까? 그랬을지도 모르겠다. 누군가가 약한 접착물도 어떤 용도가 있을 수 있지 않겠느냐는 질문을 던지기 전에는 실패였을 것이다.

콘플레이크와 같은 플레이크류도 켈로그라는 기업에서 일하는 누군가가 우연히 곡물가루 반죽을 너무 오래 건조시켰을 때 만들어졌다. 페니실린은 알렉산더 플레밍(1881~1955, 영국의 미생물학자─옮긴이)이 배양균 가운데 일부를 실수로 공기에 노출시켰기 때문에 발견한 것이다. 대부분의 사람들은 플레밍의 입장이 되면 공기에 노출된 표본을 들여다보지도 않고 그냥 내던져버렸을 것이다. 그러나 플레밍은 그것을 들여다보았고, 그것도 주의 깊게 들여다보았기에 공기에 노출된 표본 박테리아가 기이하게도 죽어버린다는 사실을 알아차렸던 것이다. 그 다음의 나머지 이야기는 역사가 됐다. 때로는 생각지도 못한 것을 발견하게 되기도 한다.

다. 다른 방법도 있다. 다시 말하지만, 우리의 목적은 쓸 만한 아이디어를 당장 생각해내는 것이 아니라 '상자'를 열어젖히고, 새로운 가능성을 생성해내고, 익숙한 것들을 전혀 예기치 못한 방식으로 바라보도록 스스로를 압박하는 것이다.

이렇게 하는 한 가지 훌륭한 방법은 과장이다. 과장은 곧 문제의 어떤 특징을 잡아내고 그것을 최대한으로 밀어붙이는 것이다.

과속운전 문제를 예로 들어보자. 사람들은 차를 너무 빨리 몬다. 이 문제에 대한 통상적인 대응은 교통법규를 엄격히 집행하고 더 많은 경찰을 도로에 배치하는 것이다. 그렇다면 창조적으로 생각을 다시 하는 첫걸음은 더 많은 경찰을 배치한다는 생각, 바로 그것을 과장해보는 것이다. 다시 말해 경찰이 도처에 깔리게 된다고 상상해보자. 그렇게 되려면 거의 모든 사람이 다 경찰이 돼야 할 것이다. 이건 그리 가능해보이지 않는다. 그러나 이런 생각을 버리지 말고 계속 밀어붙여보자. 모든 사람이 경찰처럼 행동하게 할 방법이 있지 않을까? 모든 사람이 과속운전자를 고발하게 할 수 있다면? 그렇게 되려면 적어도 모든 차에 전파탐지기가 있어야 한다. 이렇게 생각하다 보니 또 다른 아이디어가 떠오른다. 전파탐지기가 아닌 전파발생기, 즉 전파를 쏘는 장치만 많은 사람들이 갖고 있게 하는 것만으로도 충분하지 않을까? 반사되어 되돌아온 전파의 신호를 읽어내는 장치는 갖고 있을 필요가 없는 방식을 생각해보자는 것이다. 만약 내가 모는 차 주위에 과속운전자가 아니라 교통법규를 잘 지키는 선량한 운전자가 모는 차들만 있게 하고 싶다면 전파발생기의 버튼을 누르기만 하면 된다. 그러면 곧바로 과속운전자의 전파감지 장치가 경련을 일으키듯 떨면서 경고를 주기 시작할 것이다. 이것은 괜찮은 아이디어다. 그리고 이미 시중에는 이런 종류의 전파발생기가 판매되고 있다.

과속운전을 하면 차가 덜컹거린다. 차에 이런 영향을 주는 도로의 특징을 과장해보자. 고속운전을 하면 차가 엄청나게 덜컹거리도록 만드는 것도 한 가지 방법이다. 정신 나간 소리라고? 그렇지 않을 수도 있다. 차가 제한속도를 넘기면 차체에 불쾌한 진동이 일어나도록 도로가 설치된다면 도로 자체가 운전자들로 하여금 제한속도를 지키게 할 것이다. 예를 들어 도로에 특별한 종류의 작은 과속방지턱 같은 것을 설치하는 것은 얼마든지 가능하다. 이것도 참 좋은 아이디어다!

차 자체가 우리에게 과속운전의 위험성을 상기시켜주는 것도 괜찮지 않을까? 이런 생각은 어떻게 과장해볼 수 있을까? 액셀러레이터를 너무 세게 밟으면 차가 충돌사고를 일으키는 소리가 카스테레오에서 흘러나오게 하는 것은 어떨까? 핸들 한가운데에 과속운전자를 위협하는 대못을 박아둔다면? 물론 이런 생각이 터무니없을 수도 있다. 그러나 누구이 강조하자면 이런 거칠고, 심지어는 위협적인 아이디어는 우리로 하여금 생각을 시작하게 한다. 과속운전이 위험할 수 있다는 점을 차 안에서 운전자에게 보다 생생하게 상기시킬 수 있는 방법이 분명히 있을 것이다.

과장하기의 또 다른 용도는 드 보노가 '불가능한 중간디딤돌 (intermediate impossible)'이라고 부른 것이다. 그는 이렇게 말한다. 비현실적인 것이라도 상관없다. 문제에 대한 완벽한 해법을 상상해보라. 그런 다음 그 해법으로부터 현실적인 아이디어로 되짚어 내려오라. 상상 속에서 떼는 첫걸음을 아주 커다란 보폭으로 내딛어라. 그런 첫걸음에 해당하는 생각을 나중에 완화시키는 것이 소심하게 내딛은 작은 반걸음의 아이디어를 뭔가 더 큰 것에 맞추려 하는 것보다 더 쉽다.

적절한 예를 하나 들어보자. 많은 이들이 자동차 키를 잃어버려 당황하곤 한다. 이 문제에 대해 점진적이고 '현실적'인 방향의 해법을 찾는다면 아마도 입는 옷이나 갖고 다니는 지갑에 자동차 키를 묶어두거나 자동차 안이 아닌 다른 어딘가에 여분의 키를 보관해두는 새로운 방법을 찾게 될 것이다. 모두 다 좋은 아이디어다. 그러나 완벽한 해법은 이보다 훨씬 더 극적인 것일 게다. 자동차 키가 아예 필요 없다면? 또는 절대로 잃어버릴 수 없는 어떤 것이 자동차 키와 똑같은 기능을 한다면? 예를 들어 신체의 일부가 자동차 키의 기능을 해준다면?

여기서 우리는 어떻게 해야 자동차 키를 잃어버리지 않을 수 있을까 하는 질문을 던지던 첫 시작단계에서 이제 완전히 넘어섰다는 점에 주목해야 한다. 그 대신에 우리는 새로운 종류의 자동차

키, 또는 자동차 키가 아예 처음부터 필요 없는 뭔가 다른 관행에 대해 생각해보고 있다. 숫자를 맞춰야 열리는 자물쇠? 음성인식 장치? 지문인식 장치? 또는 신체의 어떤 일부분을 갖다대기만 하면

빛의 속도로 생각하기

알베르트 아인슈타인은 스위스 특허청에서 직장생활을 시작했다. 별 볼일 없는 성적으로 학업을 마치고 다니게 된 첫 직장이었다. 그는 학교에서 수학과목 낙제를 하기도 했다. 그는 스위스 특허청을 다니면서 남는 시간에 실험도구도 없이 물리학을 연구했다. 그가 갖고 있었던 것은 상상력이었다. 그리고 그의 주된 통찰은 극심한 과장의 결과였다.

특히 아인슈타인이 일반상대성이론에 도달한 것은 빛의 속도로 하는 여행은 어떤 것일까를 상상해보는 것을 통해 이루어졌다. 보다 정확하게 말하면, 준거가 되는 하나의 좌표계가 또 하나의 좌표계에 비해 빛의 속도만큼 더 빠르거나 그 속도에 가깝게 움직인다면 시간의 흐름이 어떤 영향을 받을 것인가를 상상해보는 것을 통해 그는 일반상대성이론을 만들어냈다.

빛의 속도로 여행한다는 생각은 그야말로 비현실적이다. 빛의 속도는 그동안 그 누가 여행했던 속도보다, 그리고 아마 앞으로 그 누가 여행할 속도보다도 엄청나게 더 빠른 속도다. 아인슈타인의 상상은 순전한 '사고실험'이었다. 그러나 그것을 통해 아인슈타인은 인간이 정상적인 세계에서 뭔가를 다룰 때 보지 못하는 것을 볼 수 있게 됐다. 그것은 바로 시간의 흐름은 상대적인 속도에 따라 달라진다는 것이었다. 실제 실험에 의한 확인은 나중에 이루어졌다. 그러나 아인슈타인이 본 현상은 실제로 관찰하기가 매우 어려운 것이기 때문에 실험을 통해 확인한 사례가 아직 소수에 그치고 있다. 아인슈타인이 갖고 있었던 것은 적극적인 상상력뿐이었다. 그를 가르친 선생님들 가운데 일부는 그의 상상력이 지나치게 적극적이라고 말했을 것이 틀림없다. 그러나 아인슈타인은 그런 상상력만으로 물리학 혁명을 일으켜 세계를 변혁시켰다.

되는 방식? 아니면 아예 경호원을 고용해버려?

섞어 넣고 짜맞추기

오늘날 흔히 쓰이는 제품들 가운데 많은 것들이 원래는 합쳐지지 않았던 것들을 서로 결합한 것이다. 원래 연필에는 지우개가 달려 있지 않았다. 그런데 누군가가 연필과 지우개가 하나로 합쳐진 모습을 상상했거나 그저 우연히 그 두 가지를 합쳐봤을 것이다. 오늘날에는 지우개가 그야말로 연필의 일부분이 되어서 우리는 연필에 지우개가 달려있다는 사실에 대해 더 이상 새삼스럽게 말하려고도 하지 않는다. 시계가 달린 라디오, 오븐 겸용 토스터, 초콜릿 칩 쿠키, 우산이 달린 유모차…. 이 모든 것이 결합을 통한 발명이다.

발명가가 되기를 열망하는 사람이라면 누구나 이런 방법을 이용할 수 있다. 임의로 아무거나 두 가지를 집어 들고 결합해보라. 짜맞추기를 하는 것이다. 바로 거기서부터 브레인스토밍을 하라. 예를 들기 위해, 내가 직접 내 책상에 앉아 짜맞추기를 해보려고 한다. 보자, 어떤 것으로 할까.

우편엽서와 디스크드라이브? 그래 좋다. 우편엽서를 컴퓨터 디스크드라이브에 집어넣고 돌릴 수 있게 하는 건 어떨까? 당신이 보낸 우편엽서를 받은 친구가 그것을 자기 컴퓨터 디스크드라이브에 집어넣었을 때 화면에 사진이나 비디오, 또는 당신이 보내는 메시지가 뜬다면?

손목시계와 작은 꽃단지? 옷에 달고 다닐 수 있는 생화꽂이는 어떨까? 새로운 종류의 보석이 되지 않을까? 또는 시간에 맞춰 색깔이 변하는 꽃을 유전공학으로 만들어낼 수 있지 않을까?

호치키스와 분재화분? 이건 잘 모르겠다. 때로는 짜맞추기가 잘 안 되기도 한다! 당신은 좋은 생각이 떠오르는가?

좀 더 과녁을 좁힌 문제해결을 위해 문제 전체 또는 그 문제 가운데 어떤 일부를 갖고 비슷한 작업을 해보라. 크게 다른 물건이나 상상한 것을 그 문제나 문제의 일부에 섞어 넣은 다음에 거기에서 어떤 유익한 잡종이 모습을 드러내는지를 살펴보라.

과거에 전쟁터였던 지역에서 땅속에 파묻혀 있는 지뢰를 찾아내는 것이 당신의 문제인가? 그렇다면 꽃을 거기에 섞어 넣어보자. 거의 모든 곳에서 빨리 자라고, 지뢰에서 나오는 화학적 신호를 받으면 색깔이 변하는 꽃을 개발하는 연구가 이미 진행되고 있다고 한다.

전기가 들어가지 않는 시골마을의 우물에서 물을 퍼내는 양수기에 전기를 공급할 방법을 찾는 것이 당신의 문제인가? 최근에 나온 세계은행의 뉴스레터를 보니, 아프리카의 한 농촌마을에서 학교 운동장에 설치된 회전목마와 양수펌프를 연결하는 방식으로 양수펌프에 동력을 공급하는 개발 프로젝트가 진행되고 있다고 한다.

아마도 그 마을 사람들 가운데 일부가 양수펌프에 동력을 공급하는 방법을 열심히 찾고 있을 때 또 다른 일부는 학교 운동장에 놀이시설을 설치하겠다는 생각을 했던 것 같다. 양쪽 사람들은 각각 필요로 하는 것을 서로 연결했고, 그 결과 양쪽 모두 필요로 하는 것을 얻을 수 있는 아주 근사한 방법을 고안해낸 것이다. 아이들이 회전목마를 타고 놀기만 하면 물이 저절로 길어 올려진다니!

섞어 넣고 짜맞추기를 하는 것과 같은 효과를 얻을 수 있는 방법으로 유추가 있다. 유추는 좀 더 어려운 방법이기는 하나, 때로는 보다 강력한 효과를 내준다. 이 방법은 해결해야 할 문제가 있으면 "이것은 X와 어떤 점에서 비슷할까?"라는 질문을 던지는 것이다. 여기서 X는 해결해야 할 문제와는 상관없는 별개의 상황이나 아이디어나 사물이어야 한다. 이 방법도 얼핏 어색하고 이상하게 보이며, 실제로 그런 질문을 던져 봤을 때 아무런 결과도 얻지 못하는 경우가 적지 않다. 그러나 깜짝 놀랄 정도로 새로운 방식의 생각이 떠오를 수도 있다. 구텐베르크가 인쇄기로 책을 찍어내기 이전에도 여러 세기 동안 사람들은 사실상 인쇄기와 똑같은 방식으로 작동되는 압착기를 이용해 포도에서 포도즙을 짜냈다. 그러나 구텐베르크 이전에는 그 누구도 압착기와 인쇄를 연결시키지 못했다.

재활용 문제를 다시 예로 들어 몇 가지 임의적인 유추를 시도해보자. 나는 이번에는 오늘 배달된 신문을 펼쳐놓고 완전히 아무렇게나 단어를 짚어내려고 한다. 그 과정에서 미리 걸러내는 일은 하지 않을 것이다.

오페라? 재활용 문제가 오페라와 어떻게든 비슷할 수 있을까? 글쎄, 오페라는 분명 음악적인 것이다. 재활용을 촉진하는 좋은 노래나 음악 같은 것도 필요하지 않을까? 여기서 재활용을 촉진하는 노래나 음악은 값싸고 단순한 음악이 아니라 진짜 괜찮은 음악을 말한다. 어쩌면 재활용 문제와 관련해 완전히 새로운 음악양식을 만들어낼 수도 있지 않을까?

종교? 재활용이 종교행위와 어떻게든 비슷할 수 있을까? 교회가 재활용 센터의 역할을 맡아 할 수도 있지 않을까? 그렇지 않다면 재활용되는 포장용기를 아주 소중한 것으로, 어떤 의미에서는 '성스러운 것'으로까지 만들어서 아무도 그 포장용기를 아무 데나 내던져버리고 싶지 않게 할 수는 없을까?

차를 끓인다? 재활용이 차 주전자에서 '삑삑' 하고 김이 새는 소리와 어떻게든 비슷할 수 있을까? 재활용 자체가 그럴 수 있을지 나로서는 의문이다. 그렇다면 재활용돼야 할 물건이 재활용 쓰레기통에 버려져야 할 때가 되거나 재활용 쓰레기통이 아닌 다른 쓰레기통에 버려지면 '삑삑' 하는 소리가 나도록 할 수는 있지 않을까? 바보 같은 소리라고? 글쎄, 재활용 대상 쓰레기가 듣기 싫은 소음을 내게 해서는 안 되겠지. 그렇지만 재활용이 제대로 되게 하려면 재활용 대상 쓰레기가 스스로 말을 할 수 있게 해야 하지 않을까? 시각적인 표시는 어떨까? 한 가지 아이디어가 있다. 재활용돼야 할 품목에 특정한 색깔 표시를 하는 것이다. 예를 들어 강한 원색의 녹색 표시를 하는 거다. 이렇게 하면 그 품목을 살 때 누구나 한눈에 그것이 재활용 대상이라는 것을 알아차릴 수 있을 것이다. 뿐만 아니라 그 품목을 사용하고 나서 버릴 때는 재활용 쓰레기통에 올바로 버렸는지도 얼른 알게 될 것이다. 이렇게 하는 것이 읽기도 어렵고 그 뜻을 알기도 어려운 지금의 숫자 표시 방식보다 훨씬 더 나을 것이다.

나는 특히 방금 말한 아이디어가 괜찮다고 생각한다. 바로 그 아이디어에 도달하기 위해 이 장에서 소개된 몇 가지 방법들을 이용했다는 점에 주목하라. 다시 말해 유추로 시작했고, 이어 "재활용 품목이 실제로 재활용 처리가 돼야 할 때에는 '삑삑' 하는 소리를 내게 할 수는 없을까?"라는 질문을 '불가능한 중간디딤돌'로 사용했으며, 그런 다음 거기서부터 자유연상을 시도했다. 이렇게 하는 데 어느 정도 시간이 걸리긴 했지만, 그 결과는 아주 괜찮았다고 나는 생각한다.

연습문제

1. 창조성이 제2의 천성이 되게 하려면 이 장에서 소개된 방법들을 늘 반복해 연습하라. 자투리 시간을 이용해 연습하고, 친구나 가족을 태우고 차를 몰고 갈 때도 연습하라. 연습을 두뇌게임 하듯이 하고, 일상사로 하고, 습관이 되게 하라. 그 방법들을 이용해 살인 미스터리 소설 줄거리를 다섯 개까지 만들어보라. 매일 다섯 개씩 만들어보는 것이다. 일급 미스터리 작가들은 미스터리 줄거리를 어떻게 만들어낸다고 생각하는가? 종이 한 장을 앞에 놓고 앉아서 그 종이로 성능 좋은 쥐덫을 만드는 방법을 고안해보라. 이건 진지한 제안이다. 그렇게 하지 못할 이유가 없다. 불가능하다고 생각하는가? 아침에 신문을 다 읽었으면 그 신문에서 두 개의 서로 다른 소재나 기사 또는 광고를 집어내어 '섞어 넣고 짜맞추기'를 해보라. 어떤 결과를 얻을까? 새로운 제품에 대한 아이디어가 떠오르지 않을까? 가장 긴급하게 해결돼야 할 어떤 세계적인 문제에 대한 예기치 못한 해법이 떠오를 수도 있다. 어쩌면 당신이 발명해보려고 한 성능 좋은 쥐덫에 대한 아이디어를 얻게 될지도 모른다.

2. 우리가 개선해야 할 것에 쥐덫만 있는 것이 아니다. 이 장에 나

온 방법들을 이용해 일상적으로 쓰거나 익숙한 모든 것을 어떻게 개선할 수 있을지에 대해 생각해보라.

옷을 예로 들어보자. 내가 가르치는 학생들은 분무기로 뿌려서 입는 옷, 여러 가지 옷조각을 다양한 스타일로 조립해 입을 수 있는 옷, 일부 가방이나 의자덮개와 같이 줄였다 늘렸다 할 수 있는 옷 등을 제안했다. 돈과 관련해서는 어떤 새로운 아이디어를 떠올릴 수 있을까? 디자이너 화폐, 즉 보다 흥미로운 디자인의 특색 있는 돈을 만들어보는 것은 어떨까? 플라스틱으로 동전을 만들어보는 것은? 판매세로 인해 물건을 사고팔 때 잔돈처리를 해야 하는 문제를 없애기 위해 판매세를 한꺼번에 내게 하는 방법은 없을까?

자동차 운전과 교통을 좀 더 효율화할 수 있는 현명한 아이디어를 내보자. 적색신호 때 우회전을 허용하는 방식이 최근에 새롭게 시도되고 있다. 도로통행료를 한쪽 방향에서만 징수하는 제도는 1970년대에야 비로소 시작된 것이다. 그것은 혁신적인 아이디어였다. 도로를 왕복할 때 양쪽 방향 모두에서 통행료를 내던 자동차 운전자들이 이 제도가 도입되고부터는 왕복요금을 한꺼번에 한쪽 방향에서만 내게 됐다. 덕분에 교통혼잡이 그만큼 줄어들었을 뿐 아니라 통행료 징수소 유지비용도 절약할 수 있게 됐다. 그렇게 되기까지 우리 나이든 세대는 통행료를 내기 위해 양쪽 방향에서 길게 늘어서서 오래 기다려야 했고, 그럼에도 불구하고 그렇게 하는 것이 얼마나 비효율적인지를 깨닫지도 못했다! 이와 같이 바로 눈앞의 것들 가운데 또 개선할 수 있는 것이 있지 않을까?

당신은 기업가가 되기를 원하는가? 어느 날 나는 차를 몰고 상점들이 많이 늘어선 도로를 지나면서 지피 루브(Jiffy Lube, 미국의 신속 차량관리 서비스 체인—옮긴이)가 오일 교환이나 윤활유 주입과 같은 차량정비 서비스를 아주 빨리 해주는 것에 대해 생각하기 시작했다. 그러다가 다른 서비스나 상품의 공급도 그와 같이 신속하게 할 수 있는 것 아니냐는 데 생각이 미쳤다. 신속하게 치아 관리를 해주는 '지피 치과'나 뇌수술을 아주 빨리 해주는 '지피 뇌외과'는 어떨까? 물론 이런 것들은 그냥 재미삼아 해본 생각이다. 그러나 전적으로 진지하거나, 절반은 사업기회의 차원에서 진지하게 해본 생각도 있다. '지피 미장원'은? '지피 학교'는? 적시에 부품을 공급하는 제조업의 '적시 생산체제(JIT; Just In Time)'와 비슷한 '적시 교육체제'를 도입해보는 것은 어떨까? 적시 교육체제에서는 필요한 교육만 필요할 때에 받으면 될 것이다. 이것은 그저 농담일 수도 있지만, 완전히 새로운 프랜차이즈 교육사업의 아이디어가 될 수도 있지 않겠는가?

과장하기와 관련해서는 해결해야 할 문제의 어떤 특징을 뒤집어보는 방법도 있다. 이 방법으로도 새로운 사업기회를 찾아낼 수 있다. 비행기표를 사려고 항공사에 전화를 걸거나 대출상담을 해보려고 은행에 전화를 걸었을 때 해당 항공사나 은행의 담당자가 전화를 받기까지 15분 동안이나 전화통을 붙잡고 기다려야 하는 게

싫다면 상황을 거꾸로 뒤집어보는 상상을 해보라. 항공사나 은행의 담당자가 우리 전화를 받을 때까지 기다리기보다 그들이 통화할 준비가 됐을 때 우리에게 전화를 걸게 하면 안 될까? 지금의 전화기술을 이용하면 이런 정도의 시스템은 쉽게 갖출 수 있다. 일반적으로 우리는 항공사나 호텔 측이 미리 정해 놓은 가격을 보고서 그 항공기나 호텔을 이용할지 말지를 결정한다. 그러나 프라이스라인닷컴(Priceline.com)은 이런 공식을 창조적으로 뒤집었다. 프라이스라인닷컴 사이트에서는 우리가 먼저 가격을 제시하고, 기업 측은 그 가격에 거래를 할 것인지 말 것인지를 결정한다. 프라이스라인닷컴 사이트는 그동안 일부 사람들 사이에 굉장한 인기를 모았다. 게다가 이 사이트의 아이디어는 훨씬 더 발전시킬 수 있다. 어떻게 발전시킬 수 있을지 생각해보라.

3. 따분함, 텔레비전을 너무 많이 보는 것, 무례한 운전 등 앞 장에서 거론된 작지만 성가신 일상의 문제들을 다시 이야기해보자. 이제 당신은 창조적 사고를 하는 방법을 훨씬 더 많이 알게 됐다. 그러한 일상의 문제들을 다시 생각해보고, 새롭게 갖게 된 도구들을 이용해 그런 문제들을 해결하기 위한 아이디어를 더 많이 내보라. 그리고 그 과정에서 메모를 계속하라.

예를 들어 저렴한 여행상품이 없다는 문제를 다시 생각해보자. 만약 두 명의 친구와 함께 이 장에서 소개된 방법들을 이용해 반시간 정도만 열심히 생각하면 거의 돈을 들이지 않고도 세계여행을 할 수 있는 훌륭한 방법을 세 가지는 떠올릴 수 있을 것이라고 나는 장담한다. 게다가 그렇게 떠올린 아이디어 가운데는 실제로 실현 가능해 보이는 것도 하나는 들어있을 것이다.

이와 같은 일상적인 문제의 사례를 좀 더 들어보자.

- 아침에 일찍 일어나기. 자기 자신, 친구, 가족이 아침에 일찍 일어나는 문제를 생각해보라. 사실 이것은 생각해볼 만한 문제로서는 꽤 괜찮은 문제다. 왜냐하면 예상하지 못했지만 실행해볼 만한 해결방법이 다양하게 존재하기 때문이다.

- 자녀가 취직이나 결혼 등으로 부모 곁을 떠나가면서 부모가 겪는 '빈 둥지 증후군'. 당신이 만약 대학생이라면 지금 이 문제에 대해 별 생각이 없겠지만, 단언컨대 당신의 부모님은 그렇지 않을 것이다.

- 상점에서 물건을 훔치는 들치기 행위.

- 휴대전화를 잘못된 용도로 사용하는 행위.

- 원치 않은 나쁜 날씨.

- 교실 분위기를 좋게 만드는 방법. 아주 작은 변화도 큰 차이를 만들어낼 수 있다. 예를 들어 보통 할 말이 있는 학생은 손을 들게 돼있지만, 이와 반대로 할 말이 없을 때 손을 들어야 한다면? 이렇게 규칙을 바꾸면 그 결과는 어떻게 나타날 것이라고 생각

하는가? 이런 변화를 한번 시도해볼 만하지 않은가?

4. 다음은 사회, 정치, 기술과 관련된 큰 문제들을 예시해본 것이다. 이는 단지 스스로 한번 생각해보라고 뽑아서 제시해본 문제들일 뿐이다. 이 책에서 소개된 창조적 사고의 도구들을 이용해 이 문제들을 다뤄보라.

- 먼저 자동차 문제. 하이브리드 카는 동력원으로 전기와 휘발유를 혼합해 사용하며, 브레이크를 밟을 때 발생하는 에너지로 배터리를 충전한다. 수소 연료전지로 구동되는 자동차도 머지않아 출시될 것 같다. 자동차 디자이너들은 지난 반세기 동안 자동차의 윗부분을 조금씩 변경해 유선형 디자인의 장점을 최대한 살려보려고 노력했다. 그런데 이제 그들은 자동차의 아랫부분에도 주목하고 있다. 아랫부분의 공기저항을 줄이는 것도 윗부분의 공기저항을 줄이는 것만큼이나 자동차의 성능을 개선하는 데 도움이 된다고 판단한 것이다. 그렇다면 이 밖에 또 어떤 개선이 가능할까? 만약 당신이 자동차의 외형뿐만 아니라 자연환경에도 조금이나마 기여하고자 하는 자동차 디자이너라면 무엇을 할 수 있을까?
- 너무 많은 텔레비전 프로그램이 섹스, 폭력, 선정적인 뉴스, 끝없는 광고 등으로 채워지는 데 대해서는 사회적 보수주의자들만

반대하는 것이 아니다. 텔레비전을 어떻게 바꿀 수 있을까? 물론 텔레비전 방송국으로 하여금 '진지'하거나 좋은 의도의 프로그램이나 교육적인 내용의 프로그램, 또는 전원의 목가적인 소재를 다룬 프로그램을 내보내게 할 수도 있을 것이다. 그러나 당신은 이보다 훨씬 더 창조적인 방안을 생각해낼 수 있다. 텔레비전 방송시간 가운데 일부를 여러 예술가들에게 제공하고 그 시간을 자유로이 채워달라고 부탁해보는 것도 가능할 것이다. 당신이 만약 이런 부탁을 받은 예술가들 가운데 한 사람이라면 제공받은 방송시간을 무엇으로 채우겠는가?

■ 우리의 아이들이, 그리고 어쩌면 우리 자신들조차 영화배우, 운동선수, 정치지도자(?)를 점점 더 도덕적 또는 개인적 역할모델로 삼는 경향이 있다. 우리의 아이들 또는 우리 자신에게 이들보다 더 나은 역할모델이 될 수 있는 사람들이 있다면 그건 누구일까? 좀 더 구체적으로 말한다면, 이들보다 더 나은 역할모델이 될 만한 사람들 가운데 누가 이들만큼의 매력을 발휘하고 일반인들의 눈에 잘 띌 수 있을까? 우리는 그런 새로운 역할모델을 만들어내야만 하는가? 그렇다면 어떻게?

■ 오늘날의 사회에서 편부모가정, 즉 편모가정이나 편부가정을 꾸려가기란 힘겨운 일이다. 보통은 편모인 경우가 많지만 편부모가정의 가장이 흔히 불공정하기도 한 큰 부담을 지게 되는 것이 사회 전체에 갈등을 초래하기도 한다. 이 문제를 해결해줄 분명

한 해법 중 하나는 가정을 만든 부모가 헤어지지 않고 부부관계를 유지하며 계속 같이 살아갈 수 있도록 사회가 돕는 것이다. 애초에 배우자를 더 잘 선택할 수 있도록 사회가 도울 수도 있을 것이다. 당신이라면 어떤 다른 대안을 제시할 수 있는가? 편부모가정 가운데 일부가 살아가기가 더 힘든 다른 편부모가정을 돕는 것도 가능할까? 편부모가정 둘이 합치면 일을 하는 가장이 둘인 한 가정이 될 수 있지 않을까?

■ 킬로미터, 밀리그램 등을 척도로 사용하는 미터법을 채택하지 않은 나라는 전 세계에서 단 세 나라, 즉 라이베리아와 미얀마, 그리고 미국뿐이다. 이것은 문제가 아닐까? 만약 이것이 문제라면 어떻게 해야 할까?

■ 정치에 대한 미국인들의 관심은 지속적으로 줄어들고 있다. 이러한 정치적 무관심이 초래할 수 있는 위험이 갈수록 커지고 있다. 이제는 미국도 대부분의 사람들이 쉬는 날에 선거를 실시해야 할지도 모른다. 또는 아예 선거일을 하루 정해 휴일로 지정해야 할지도 모르겠다. 선거일을 휴일로 지정하고 그날 불꽃놀이, 투표소를 도착지로 한 퍼레이드 같은 행사를 벌이는 것에 대해 어떻게 생각하는가? 선거일보다 한두 주일 전의 어느 하루를 토론의 날로 지정하는 것은 어떨까? 그날은 유권자들이 임박한 선거의 쟁점사안에 대해 토론을 벌이며 보내는 것이다. 토론에 참여하는 유권자들에게 수당을 지급하는 것도 생각해볼 수 있겠

다. 사회적 현안에 대한 창조적 문제해결을 촉진하기 위한 정당을 새로 결성해보는 것은 어떨까?

■ 당신이 관심을 다른 데로 돌리기 전에 한 가지만 더 물어보자. 당신은 보다 건설적인 정치적 항의시위의 형태, 또는 덜 부정적이고 덜 분열적인 정치적 항의시위의 형태를 고안해낼 수 있겠는가?

돌파구를 찾았다고
멈춰선 안 된다

당신이 앞에서 소개된 도구들 가운데 일부를 잘 이용해 다른 모든 사람이 완전히 진퇴양난에 빠졌다고 생각하는, 그리고 당신 역시 조금 전까지만 해도 그렇게 생각했던 문제를 해결할 수 있는 어떤 근사하고 새로운 아이디어에 도달했다고 가정하자.

그렇다고 해서 거기서 중단하면 안 된다! 가장 큰 유혹은 최초의 돌파구를 열자마자 거기서 중단하게 하는 유혹이다. 그렇게 하는 것은 마치 마지막 시험을 통과했으니 이제는 더 할 일이 없다고 생각하는 것과 같다. 그러나 사실 우리는 훨씬 더 많은 걸음을 내딛어야 하는데 이제 겨우 첫걸음을 뗀 상태인 경우가 많다. 우리는 이제 겨우 문을 조금 비집어 열었을 뿐이다. 진정한 창조성은 첫 돌파구를 열었을 때 비로소 시작된다. 그 돌파구로 걸어 나가라. 그리고 계속 전진하라.

그 다음 단계들

최초의 돌파구를 열어주는 아이디어를 찾았다면 그 아이디어를 어떻게 발전시키고 심화시키겠는가? 다음과 같은 몇 가지 방법이 있다.

1. 아이디어를 적용해볼 실천적인 과제를 잡아보고, 그 과제에 맞게 아이디어를 발전시켜라. 어디에서 문제점이 발생하거나 반대가 제기될 가능성이 있는지를 스스로에게 물어보라. 예를 들어 만약 당신이 포장용기를 매력적인 것으로 만들어 사람들이 그것을 버리려고 하지 않게 함으로써 쓰레기 발생을 줄이려 한다고 하자. 그러려면 어떻게 해야 하나? 포장용기를 그대로 다시 쓸 수 있게 만들겠는가? 쓰고 난 포장용기를 내다팔면 돈을 벌 수 있는 포장용기 재판매 시장을 창설하겠는가? 쓰고 나면 건축재료나 장난감으로 다시 사용할 수 있게끔 포장용기를 만들 수도 있지 않을까? 모두 다 좋은 아이디어다. 그러나 아직은 시작에 불과하다. 더 많은 아이디어를 만들어내야 한다.

2. 처음 생각해낸 아이디어를 보다 구체화하고 정교하게 다듬어라. 그 아이디어의 주된 요소들을 명확하게 하고, 그 아이디어를 실행하는 방법을 강구해보고, 실제로 어떤 구체적인 상황에 창조적으로 적용해보라. 예를 들어 당신이 만약 재활용과 관련된 좋은 노래를 만들고 그것을 통해 재활용을 촉진하고 싶다고 하자. 노래를 어떻게 짓는 게 가장 좋을까? 우리가 이미 아는 음악을 일부 '재활용'

하는 방식으로 노래를 짓는 것이 재미도 있을 뿐 아니라 그 노래의 취지에도 정확하게 들어맞지 않을까?

3. 자신의 아이디어나 제안을 갖고 그 다음 단계로 무엇을 할 수 있는가를 스스로에게 물어보라. 예를 들어 먹을 수 있는 포장지라는 아이디어에서 시작한다면 그 포장지가 어떤 맛을 내야 하는지를 생각해보자.

4. 당신이 처음으로 창조적인 돌파구를 연 문제에 대해서 또 다른 창조적인 아이디어를 만들어내어 당신이 연 돌파구를 확장시켜라. 앞 장에서 소개된 도구들을 이용해서 더 많은 아이디어를 계속 만들어내라. 원래 있던 아이디어에 새로 생각해낸 아이디어를 결합시키면 훨씬 더 창조적인 어떤 것을 만들어낼 수 있다는 확신을 갖고 그렇게 하라.

5. 전혀 다른 문제에 대한 창조적인 아이디어를 이용해서 당신이 처음으로 연 창조적인 돌파구를 더욱 확장시켜라. 이렇게 하는 것은 '아무렇게나 임의로' 하는 것이라는 느낌을 주지만, 다른 모든 기발한 연상법들과 마찬가지로 다소 거칠고 전혀 예기치 못한 연결을 만들어낼 수 있다. 거의 기계적으로 그렇게 하라. 그저 문제를 한손에 들고, 다른 한손으로는 어떤 문제여도 상관없으니 뭔가 다

른 문제를 집어 들어라. 그런 다음 두 문제가 어떻게 서로에게 자양분이 될 수 있는지를 살펴라. 그렇게 해봐야 그럴듯한 소득은 거의 얻지 못할 것 같다고 여겨지더라도 그만 두지 말고 한동안은 계속하라.

6. 당신이 생각해낸 창조적인 해법을 다른 유사한 문제들에도 적용해보라. 배리 네일버프(Barry Nalebuff)와 아이언 에어스(Ian Ayres)는 이렇게 하는 것을 가리켜 '해법을 갖고 문제를 찾아내기'라고 불렀다. 어떤 하나의 사안에 대한 훌륭한 아이디어를 갖고 있다면, 그 아이디어를 그 사안에만 써먹지 말고 다른 사안에도 적용할 수 있을까를 자문해보라. 먹을 수 있는 포장지, 아니 좀 더 일반화해서 지금은 우리가 그냥 내버리는 물건을 먹는다는 아이디어를 예로 들어보자. 자연스러운 그 다음 질문은 이런 것이다. "내버려지는 것들 가운데 또 어떤 것을 먹을 수 있는 것으로 만들 수 있을까?" 신문? 개에게 먹이려는 거라면 신문도 가능할 것 같다. 연필? 이미 많은 학생들이 시험을 보는 동안 자기 연필을 질경질경 씹는다. 그렇다면 연필에 어떤 맛을 집어넣거나 연필의 바깥 부분에서 팝콘이나 풍선 검 맛이 나게 하면 어떨까? 성인용 연필이라면 카페인을 첨가해도 될까?

더 발전시켜볼 만한 아이디어 두 개

내가 학생들에게 늘 제시해보는 두 개의 문제를 소개하겠다. 이 두 개의 문제는 학생들 스스로가 머지않아 스스로 관심을 갖게 될 문제이기도 하다. 둘 다 결혼과 관련된 문제다. 하나는 결혼한 미국 인들 중 거의 절반이 7년 안에 파경을 맞는다는 놀라운 사실이다. 이런 통계가 말해주는 불행은 엄청난 수준이다. 어떻게 하면 더 많은 커플이 성공적인 결혼생활을 유지하도록 도울 수 있을까?

또 하나는 결혼한 뒤의 성명을 어떻게 하느냐는 것이다. 이것은 파경보다는 작은 문제이지만 결혼에 늘 따라붙는 성가신 문제다. 현재는 여성이 결혼을 하면 원래 성을 버리고 남편의 성을 취해야 한다고 생각한다. 그 결과로 여성은 자기의 정체성 가운데 일부를 잃는다. 이는 여성에게 손실이며, 불공평한 결과이기도 하다. 일부 여성은 결혼을 하더라도 원래의 성을 그대로 유지한다. 그러나 그러면 다른 문제가 생겨난다. 그것은 어쩌면 새로운 정체성, 즉 남편과 공유하는 정체성을 무시하는 것일 수도 있다. 자기의 원래 성과 남편의 성을 하이픈으로 연결해 둘 다 쓰는 것은 보다 평등한 방식이긴 하지만, 발음이 어려워지는 결과가 빚어지기도 한다. 어쨌든 다음 세대로까지 이어질 수는 없는 방식이다. 좀 더 나은 방식을 만들어낼 수는 없을까?

결혼 후 성명 문제에 대해 내가 가르치는 학생들이 종종 말하는 한 가지 아이디어는 결혼한 부부가 그들만의 성을 새로 만들어 같이 쓰는 방식이다. 이렇게 하면 부부가 하나의 성을 공유하게 되고, '반 데 보데그라벤—링겔스테터' 와 같은 요령부득의 성은 없어질 것이다.

학생들은 결혼과 이혼이라는 문제에 대해서도 다양한 아이디어를 가지고 있다. 그 가운데 하나는 결혼하려는 두 사람은 실제로 결혼하기 전에 서로를 더 잘 알아야 한다는 것이다. 그래야만 정식으로 결혼하기 전에 배우자가 될 사람과 자신의 관계에 어떤 취약점이 있고 어떤 부조화가 있는지를 아는 데 도움이 된다고 학생들은 말한다.

내가 가르치는 학생들이 말한 이 두 가지 아이디어는 다 훌륭하다. 두 아이디어 모두 더 이상 어찌해볼 것이 없다고 흔히 우리에게 말하는 기존의 문화를 크게 뛰어넘은 것이기 때문이다. 둘 다 하나의 좋은 제안, 즉 창조적 아이디어의 핵심이 될 수 있다. 그러나 이 두 가지 아이디어는 모두 출발점에 불과한 것도 사실이다. 두 아이디어가 실행될 수 있으려면 각각 꽤 많이 더 발전돼야 할 필요가 있다. 그러나 앞에서 소개된 방법들 가운데 일부를 이용해 더 발전시킨다면 두 아이디어 모두 훨씬 더 강력해질 수 있다. 한번 그렇게 해보자.

더 나은 결혼을 향해

우선 '배우자가 될 사람을 더 잘 알기'에 관한 아이디어를 살펴보자. 최초의 아이디어를 보다 구체화하는 시도를 먼저 해보자. 이 아이디어를 어떻게 실행할 수 있을까?

자연스럽게 나올 수 있는 한 가지 제안은 결혼에 관한 법을 고쳐 서로를 잘 알게 되기 전에는 결혼을 할 수 없게 하는 것이다. 이를 위해 서로를 알아보는 기간을 적어도 1년은 갖도록 할 수도 있겠다. 그러면 성급한 결혼이 줄어들 것이고, 젊은이들이 서로의 관계가 괜찮다고 느끼면 곧바로 결혼해야 한다는 압박감을 느끼게 되는 현상도 없어질 것이다. 이런 제안이 던지는 문화적인 메시지는 속도를 늦추고 시간을 좀 더 들여 결혼상대를 제대로 찾은 것인지 확인하라는 것이다. 이렇게 하는 데는 시간이 걸린다.

여기까지는 문제될 게 없다. 그러나 다시 의문이 생긴다. 물론 새로 생겨나는 의문을 체계적으로 검토하는 것이 '더 많이 앞으로 나아가는' 또 다른 방법이라는 점을 잊지 말라. 한 가지 의문은 "그런 법이 어떻게 집행될 수 있을까?" 하는 것이다. 결혼하려는 두 사람이 서로를 알기 위한 기간을 충분히 가졌다는 것을 어떻게 입증할 수 있을까? 호주 사람들이 '사실혼'이라고 부르는 '결혼과 유사한 관계'도 있다. 그런데 법적인 결혼을 하지 않은 '사실혼' 커플 역시 관계가 깨져 헤어지는 경우에는 결혼에 실패한 사람들

못지않게 고통 받을 수 있다. 아마도 우리는 결혼에 관한 법을 바꾸든 바꾸지 않든 법률 이외의 다른 무엇인가를 더 필요로 하는 것 같다.

언젠가 내 강의시간에 여러 그룹 가운데 한 그룹의 학생들이 바로 이 점에 발이 묶여 헤어나지 못하고 있었다. 그 학생들은 "그래, 맞아. 정식으로 결혼을 하기 전에 배우자가 될 사람을 더 잘 알아야해"하며 머리를 끄덕였다. 그런데 어떻게 하면 사람들이 실제로 그렇게 하도록 촉진하거나 강요하는 것이 가능할까?

나는 그 그룹의 학생들에게 어디든 다른 곳에서 아이디어를 끌어들이라고, 즉 어떤 아이디어든 상관없으니 떠오르는 게 있으면 그것을 끌어들이라고 말해주었다. 그 그룹 외에 다른 그룹들도 역시 결혼이라는 주제를 다루고 있었으므로, 그들은 다른 그룹들을 돌며 즉석 도발을 해달라고 요청했다. "우리에게는 임의의 촉발요소가 필요하다. 그러니 부디!"

다른 그룹들 가운데 한 그룹은 그때 부부나 가족이 너무 자기들만 알고 챙기는 경우가 많고 지역사회에 대한 봉사를 충분히 하지 않는다는 점에 대해 토론하고 있었다. 그들은 사람들이 가족 단위의 삶에서 다소 벗어날 수 있게 하는 유인을 증가시키는 방안에 대해 생각하고 있었던 것이다. 그래서 구체적으로 이런 생각을 해볼 수 있었다. '지역사회에 대한 더 많은 봉사'에 관한 아이디어와 '결혼하기 전에 서로를 더 잘 알기'에 관한 아이디어를 어떻게 결합시킬 수 있을까?

　처음에는 그 둘을 결합할 방법이 없는 것처럼 보였다. 두 아이디어는 서로 별개의 것이었다. 그러나 좀 더 생각해보자. 배우자가 될 사람을 더 잘 알게 해줄 방법으로 지역사회에 대한 봉사를 이용하는 것은 어떨까? 즉, 결혼을 생각하고 있는 두 사람이 지역사회에 대한 봉사를 함께 하도록 하자는 것이다. 어쨌든 누군가를 더 잘 알게 되는 것은 시간만 흐른다고 저절로 이루어지는 것이 아니다. 배우자가 될 사람과 유쾌한 데이트와 휴가를 즐기면서 일 년을 다 보내고도 그 사람이 일터에서나 아이들과의 관계에서 스트레스를 받을 때 어떤 모습을 보일 것인지에 대해서는 전혀 눈치 채지 못할 수 있다. 누군가를 진정으로 잘 알기 위해서는 그다지 좋지 않은 환경이나 스트레스를 받는 상황 속에서 그 사람을 관찰하거나 그 사람과 교류해볼 필요가 있다.

　그렇다면 문제가 풀린다. 지역사회에 좋은 일을 하는 방법으로서만이 아니라 배우자가 될 사람의 됨됨이를 점검하는 방법으로서도 지역사회의 일을 같이 해보도록 사람들에게 권하면 된다. 사랑에 빠진 두 사람이 서로에게 완전히 몰입하는 것도 멋진 일이다. 그러나 이것은 아이를 낳고 일을 하는 삶을 함께 꾸려나갈 준비를 하는 데는 별 도움이 안 된다. 봉사활동은 두 사람이 뭔가 보다 큰 것에 함께 몰입해보는 좋은 방법이다. 수많은 선량한 젊은이들이 남을 돕는 봉사를 실천하게 된다면 영세민을 위한 무료식당과 환경

정화 단체 등 여러 지역사회 봉사조직에 얼마나 큰 도움이 될 것인가를 생각해보라. 게다가 사람들이 이런 종류의 봉사활동을 연상하면서 자기의 연애시절을 회상하게 된다면 장기적으로 그 이점이 얼마나 클 것인가를 생각해보라. 이런 방식으로 하면 모든 나쁜 결혼은 미리 방지되고 모든 좋은 결혼은 더 탄탄해질 것 같지 않은가?

그런데 이 제안은 처음의 제안과 관련해 제기됐던 문제들 가운데 또 하나의 문제까지 해결해준다. 그 또 하나의 문제란 주어진 시간, 또는 새로운 규칙이 설정한 기간 안에 결혼을 하려는 두 사람이 서로를 잘 알게 됐음을 어떻게 입증할 수 있느냐는 것이었다. 지역사회 봉사활동의 기록이 있다면 그런 입증쯤이야 쉬운 일 아니겠는가?

결혼 후 성명은?

결혼 후 성명을 어떻게 할 것인가 하는 문제와 관련해 떠오를 수 있는 한 가지 아이디어는 결혼한 두 사람이 그들만의 새로운 성을 선택해 같이 쓴다는 것이었음을 상기하자. 이제 이 아이디어를 몇 단계 더 발전시켜보자.

처음의 아이디어는 예컨대 존 스미스와 마리아 푸엔테스가 결혼하게 되면 존 엑스와 마리아 엑스로 성명을 바꾸자는 것이었다. 이 때 엑스는 두 사람이 선택한 새로운 성이다. 매우 흥미로운 발상이다! 그런데 이것이 실제로는 어떤 결과로 이어질까?

이렇게 하는 것은 확실히 보다 평등한 방식일 것이고, 사람들에게 창조적으로 자기 성명을 지을 기회를 주기도 한다. 그러나 이 방식은 결혼한 사람들이 더 이상 부모를 포함해 자기의 원래 가족과 성을 공유하지 못하게 된다는 단점을 갖고 있다. 미국의 전통적인 성명에서도 대부분의 결혼한 여성은 이미 자기의 원래 가족과 성을 공유하지 못한다. 그렇다 하더라도 이런 단점은 문제일 수 있다. 또한 우리는 이 방식에서 아이들이 엑스를 자기 성으로 갖게 된다고 가정하고 있다.

이런 아이디어를 어떻게 하면 더 발전시킬 수 있을까? 먼저 성명을 짓는 새로운 방식의 장점과 전통적인 방식의 장점 중 일부를 결합하는 방법은 없는가를 생각해보자. 새로운 방식의 장점으로는 결혼한 부부가 곧바로 성을 공유하고 그 성에 익숙해질 수 있다는 점을 들 수 있고, 전통적인 방식의 장점으로는 적어도 세대 간에 성을 공유한다는 점을 들 수 있다. 사람들은 자기의 원래 성명으로 자기정체성을 갖게 된다. 그러므로 새로운 방식을 채택하더라도 모든 사람이 성명의 지속성을 조금 더 갖도록 해주는 성명 체계를 만들어낼 수 있으면 좋을 것이다.

결혼한 사람이 원래의 자기 성을 버리기보다는 그것을 유지하면서 새로운 성을 추가하는 것이 더 나은 해법이 될 수 있을까? 이런 방식을 실행하는 것은 어려운 일이 아닐 것이다. 원래의 성을 가운데 놓고, 결혼할 때 선택한 새로운 성을 그 다음에 놓으면 된다. 이 방식을 따른다면 존 스미스와 마리아 푸엔테스는 결혼 후에 존 스미스 엑스와 마리아 푸엔테스 엑스가 된다. 그리고 이 부부의 아이들은 부모 이름의 중간에 있던 성은 떼어버리고 그냥 마뉴엘 엑스나 맥사인 엑스라고 부르면 된다.

이것은 그럴듯한 제안이자 큰 발전이다. 이 방식은 우리가 원하는 것을 좀 더 많이 실현해준다. 모두가 부모와 성을 공유하고, 부모는 아이들과 성을 공유하고, 부부도 그들만의 성을 공유하게 된다. 게다가 이 방식은 결혼할 때 기존의 성을 버리라고 요구하지 않는다. 이 방식이 여성에게 요구하는 것은 현재 대부분의 미국 여성들이 성명과 관련해 요구받고 있는 것보다 적다.

그러나 여기서 중단하면 안 된다. 아직 더 나은 방식을 찾아낼 수는 없는가를 물어야 한다. 다시 강조하지만, 생각할 시간을 가져라. 너무 일찍 중단해서는 안 된다. 달리 선택할 수 있는 방식이 또 있는가? 이런 질문을 던지는 순간 대안이 적어도 하나는 더 있는 게 분명하다는 생각이 들 것이다. 결혼한 부부가 원래의 성을 마지막에 놓고 새로 선택한 성을 그 앞에 놓는 방식도 가능할 것이다. 이 방식에 따르면 존 스미스와 마리아 푸엔테스는 존 엑스 스미스와 마리아 엑스 푸엔테스가 될 것이다. 다만 아이들은 마뉴엘 엑스와 맥사인 엑스로 앞의 방식과 같게 한다.

이것이 더 나은 아이디어일까? 어떤 면에서는 그렇고, 어떤 면에서는 그렇지 않다. 이 방식은 익숙해지기가 좀 더 어렵다. 미국인들은 원래 성명의 한가운데에 새로운 성을 집어넣는 것보다는 성명의 마지막 부분에 새로운 성을 추가하는 데 더 익숙하다. 그러나 같은 맥락에서 이 방식은 혼란을 줄여준다고 볼 수도 있다. 이 방식에서는 사람들이 원래의 자기 성명을 그대로 유지하고 새로운 성을 덧붙여 그것을 약간 더 늘이는 셈이 된다. 따라서 그때그때 필요에 따라 어떤 경우에는 중간에 놓은 성을 포함해 자기의 성명을 대고, 어떤 경우에는 중간에 놓은 성을 빼고 자기의 성명을 댈 수 있다. 미국인들은 그렇지 않아도 이미 중간 성을 가지고 이렇게 하고 있다. 만약 내가 이 방식을 채택한다면 아이들이 다니는 학교에 가서는 아이들과 공유하는 중간 성을 넣어 내 성명을 대면 될 것이다. 물론 직장에서는 중간 성을 빼고 원래의 성으로 내 성명을 대는 것으로 충분할 것이다. 이 방식도 사람들로 하여금 배우자는 물론 아이들과도 성을 공유하고, 자기의 부모와도 성을 공유하게 해준다. 게다가 결혼한 뒤에도 원래의 자기 성을 유지할 수 있다는 장점도 있다.

이런 여러 가지 대안들 가운데 어느 것을 선택할지를 여기서 판단하거나 결정할 필요는 없다. 중요한 것은 단지 그러한 가능성을 인정하는 것이다. 그리고 특히 성명 문제의 경우, 너무 빨리 결정을

내려버리면 보다 나은 선택을 할 가능성을 간과하기 쉽다는 점이
확인됨에 주목하라. 어느 정도는 시간을 들여야 하는 것이다.

연습문제

1. 완전히 새로운 경기나 스포츠를 창안해보라. 예를 들어 환경문제와 관련된 학습효과를 스포츠에 가미한다는 생각을 갖고, 참여적인 성격이 강한 새로운 스포츠를 창안해보라. 좀 더 구체적으로 말하자면, 사람들을 집 밖으로 끌어낼 뿐만 아니라 참여하는 사람들로 하여금 세심하게 자연에 주목하도록 하는 것은 물론 생태계와 세계 전체의 복잡한 연관성을 보다 잘 이해하도록 하거나 의무적으로 그렇게 하도록 하는 경기를 창안해보라. 그 경기를 다양한 연령대와 다양한 수준의 체력을 지닌 사람들이 골고루 참여할 수 있을 뿐 아니라 참여자 수를 신축적으로 조정 가능하도록 만들 수 있을까? 그러면서도 자신의 육체적 능력을 십분 활용하고자 하는 사람들이 흥미와 도전 의식을 느끼는 경기가 될 수 있을까? 그러려면 그 경기는 참여자의 역할이 다양하게 배치되는 방식이어야 한다. 어쩌면 그 경기는 '깃발 빼앗기' 놀이와 비슷한 것이 될지도 모르겠다. 그 경기를 넓은 지역으로 확대시켜보라. 그러면 일종의 확대판 숨바꼭질과 같은 것이 될 수도 있다. 아니면 일종의 보물찾기가 되려나? 이상적인 방식을 고려할 때 그 경기는 전용 운동장이나 특별한 설비를 필요로 하는 것보다는 다양한 장소에서 할 수 있

는 것이 좋을 것 같다.

이런 경기는 결국 특정한 경기규칙을 완전히 갖출 필요가 있을 것이다. 시간을 들여라. 경기의 전체적인 목적으로부터 시작해, 그 경기가 정말로 훌륭한 게임이 되도록 하라. 사람들이 무슨 이유에서 그 경기에 참여하고 싶어 할까? 어떤 점에서 그 경기가 재미있을까? 경기규칙은 가능한 한 단순하게, 그리고 최소한으로 정하라.

물론 당신이 창안할 수 있는 경기는 이것 말고도 다양할 것이고, 당신이 생각하는 경기의 목적도 이것과 얼마든지 다를 수 있다. 무엇이든 정말로 색다르고 참신한 경기를 창안해낼 수 있을지 시도해보라. 예를 들면 공과 골대나 네트가 없는 경기를 그런 것을 이용해서 하는 경기만큼 흥미롭고 도전적인 경기로 만들 수 있을까?

2. 완전히 새로운 사업을 구상해보라. 사람들이 실제로 갖고 있는 욕구 가운데 아직 충족되지 못한 것을 파악하는 것에서 시작하라. 그동안 사람들의 욕구가 충족되지 못한 이유는 필요한 기술이 아직 존재하지 않았기 때문일 수도 있고, 매우 단순한 욕구이지만 그것을 충족시킬 수 있는 방법을 아무도 눈치 채지 못했거나 고안해내지 못했기 때문일 수도 있다. 이런 욕구를 충족시킬 방법에 관한 아이디어라면 당신에게 돌파구가 될 것이다. 그러나 그런 돌파구를 발견했다고 해도 그것은 단지 시작일 뿐이다. 당신이 파악해낸, 사람들의 충족되지 못한 욕구를 충족시켜주는 사업을 구상해보자.

세세하게 잘 다듬어진 사업계획을 작성해야 한다. 공급하고자 하는 상품이나 서비스는 정확하게 어떤 것인가? 그것을 어떻게 판매할 것인가? 당신의 제품이 다른 기업들에 의해 모방되거나 누군가에 의해 무료로 공급되지 않을 것이라고 장담할 수 있는가?

페더럴 익스프레스가 예일 경영대학원에서 바로 이와 똑같은 과제를 학생들에게 부과한 데서 잉태됐다는 사실은 당신도 아마 알고 있을 것이다. 1965년에는 소포를 당일에 배달한다는 것은 거의 상상할 수도 없는 일이었다. 전해지는 바에 따르면, 예일 경영대학원의 교수는 당일 소포배달에 관한 사업구상을 리포트로 써낸 학생에게 사실상 낙제점수를 주었다! 그러나 바로 그 사업구상에 따라 1971년에 페더럴 익스프레스가 출범되어 곧바로 성공을 거두었다. 이 기업은 오늘날 전 세계에 걸쳐 택배사업을 벌이면서 연간 300억 달러의 매출을 올리고 있다. 그 다음 차례로는 무엇이 그와 같은 성공의 사례가 될까?

당신의 새로운 사업구상을 이 장에서 나온 결혼에 대한 아이디어와 연결시켜볼 수도 있을 것이다. 예를 들어 사람들이 자기 성명에 새로운 성을 하나 추가하게 된다면 그 성을 어떻게 선택할까? 새로운 성을 짓는 문제에 대해 조언을 해주는 컨설턴트나 컨설팅 기업이 새로 생겨나지 않을까?

3. 앞의 1~3장 연습문제를 통해 나는 당신에게 넓은 범위에 걸친

문제들을 제시하고 그 각각에 대해 뭔가 창조적인 돌파구를 찾아 보라고 권했다. 또한 나는 머릿속에 떠오른 아이디어들을 메모해 두라고 요구했다. 이제 그 문제들에 대해 당신이 맨 처음에 떠올린 아이디어로 돌아가, 이 장에 소개되고 모형화된 방법들을 이용해 그 아이디어를 더욱 발전시켜보라. 당신의 새로운 아이디어에 대 해서도 메모를 해두어라.

선택할 수 있는 범위는 넓겠지만 이미 갖고 있는 아이디어 가운 데 가장 좋아하는 것에서부터 시작하는 것이 최선일 수 있다. 그것 이 아침에 일어나기 위한 현명한 아이디어인가? 아니면 새로운 여 행 방법? 텔레비전이나 나라의 정치를 재구성하는 방법? 또는, 그 럴 리 없겠지만, 당신이 가장 좋아하는 것이 혹시 학교는 아닌가? 어쨌든 이런 문제들에 대한 당신의 아이디어를 발전시켜보라. 그 리고 그렇게 해서 발전된 아이디어를 발전되기 전의 원래 아이디 어와 비교해보라. 원래의 아이디어 중에는 형편없는 것도 있었을 것이라고 나는 장담한다. 당신은 그 원래의 아이디어를 그동안 얼 마나 더 발전시켰는가?

여기서 도전이 되는 문제를 하나 더 제시하고자 한다. 바다의 간 만이나 파도에서 전기를 뽑아낼 수 있는 새롭고 실용적인 방법을 생각해낼 수 있는가? 몇 가지 아이디어가 이미 나와 있다. 삼면이 육지로 둘러싸인 만의 입구에 댐을 설치하는 것도 그 가운데 하나 다. 밀물 때 바닷물이 만에 가득 차게 한 뒤에 댐의 수문을 닫고 썰

물 때 만 안의 물을 발전기 터빈을 통해 흘러나가게 하는 것이다. 그러나 이런 방법은 일부 해안지역에만 적용할 수 있다. 다른 방법이 또 있을까? 바람이 특히 많이 부는 지역에 풍차를 집중적으로 설치하는 방식의 풍력발전소 건설은 그 자체가 환경상의 비용을 초래한다. 그렇다면 당신은 풍력을 이용해 전기를 생산할 수 있는 더 나은 방법을 생각해낼 수 있는가? 이 밖에 또 어떤 전기생산 방법이 있을까? 우리가 아직 주목하지 못하고 있지만 우리 주위에 늘 존재하는 것 가운데 전기를 생산해내는 새로운 원천이 될 만한 게 있을 수도 있다. 이런 문제에 대해서도 사업계획을 세워보라. 기술과 사업이라는 두 측면에서 세부적인 사항들을 생각해보라.

4. 문제해결 방법들은 물론 문제를 다루기 위한 것이다. 그러나 창조성은 이보다 더 많은 역할을 할 수 있다. 왜 굳이 어떤 것이 문제가 될 때까지 기다린 뒤에야 창조적 개선을 해보려고 하는가? 모든 것은 언제라도 창조적 개선이 이루어질 수 있다. 특히 우리가 어떤 한 문제에 대한 좋은 해법을 찾았다면 그 해법을 다른 문제들에도 적용해보지 않을 이유가 없다. 돌파구를 더욱 발전시키는 방법들 가운데 마지막 방법은 '창조적 해법을 다른 문제들에 확대 적용하는 것'이었음을 상기하라.

배리 네일버프와 아이언 에어스는 몇 가지 근사한 예를 제시한다. 예를 들어 서점 안에 커피숍이 생겨나기 시작했는데, 그렇다면 공공도서관 안에 커피숍이 생겨나지 말란 법이 있는가? 아닌 게 아니라 사실 일부 대도시의 공공도서관은 이미 구내에 커피숍을 두고 있다. 비행기에 장착되는 블랙박스는 모든 승무원의 행동, 비행기의 속도, 비행기에 가해지는 압력 등에 관한 데이터를 저장하며, 따라서 비행기가 추락했을 때 그 원인을 파악하는 데 대단히 중요한 역할을 해준다. 그렇다면 블랙박스와 비슷한 데이터 저장장치를 자동차에 장착하지 말란 법이 있는가? 그렇게 한다면 자동차 사고가 났을 때 그 원인에 대한 말다툼은 더 이상 필요도 없을 것이고, 자동차의 결함과 관련된 불확실성도 사라질 것이다. 사고 당시에 운전자의 발이 놓여 있던 곳이 액셀러레이터인지 브레이크인지도 금방 밝혀질 것이다. 데이터가 저장돼 있을 것이기 때문이다. 사실 컴퓨터 모니터가 설치된 자동차의 경우에는 저장될 데이터가 이미 존재한다고 말할 수 있다. 추가로 필요한 것은 단지 사고가 일어났을 때에도 안전하게 보호되는 저장장치와, 다운로드가 보다 쉽게 되는 정보관리 기기뿐이다. 유럽에서는 이런 장비가 이미 시험단계를 거치고 있으며, 이런 장비를 자동차에 장착하면 운전자가 더 안전해지는 것으로 입증되고 있다. 택시의 경우에는 충돌사고가 3분의 2만큼이나 줄어든다는 사실도 관찰됐다. 십대 자녀가 자동차를 몰았을 때 그 부모가 자동차의 운행기록을 다운로드해서 점검해볼 수 있다고 생각해보라. 운전자가 안전운행 제한속도를 넘기면 경고신호를 내는 장치를 자동차 안에 장착한다고 생각해보

라. 운전을 잘못한 것만 기록하는 데서 멈출 이유가 없다. 이 정도 감시를 할 수 있는 장비라면 어머니의 음성으로 속도를 좀 늦추라고 말하는 소리도 내줄 수 있을 것이다.

모르몬교는 각각의 교인에게 다른 교인 두 사람을 돌보도록 한다. 이는 모르몬교의 모든 교인이 다른 두 사람의 교인에 의해 보살핌을 받을 수 있게 하기 위해서다. 이런 종류의 관행이 널리 퍼지면 유익하지 않을까?

자, 이젠 당신이 창조적 상상력을 발휘해볼 차례다.

풀어야 할 문제를
재구성하라

이제부터 당신이 놀랄지도 모르는 새로운 것 몇 가지를 소개하겠다. 지금까지 우리는 문제를 '해결'하는 방법들을 살펴보았다. 그러나 때로는 문제를 다루는 데, 즉 문제를 취급하고 그 문제 안으로 들어가거나 그 문제를 넘어서는 데 해결보다 더 나은 방법도 있다.

따라서 창조성의 영역을 간략하게 살펴보고 있는 우리가 아직 더 밟아야 할 중요한 단계가 몇 개 남아있다. 이 장에서 나는 문제를 다루는 대안의 방법 세 가지를 소개하고자 한다.

수평적으로 생각하기

두 점을 잇는 데 직선이 항상 최선의 방법인 것은 아니다. 중간에 가파른 절벽이나 친하지 않은 용이 가로막고 있으면 어떻게 할 것인가? 이런 경우에는 문제를 향해 곧바로 밀고나가는 것만이 능사가 아니다. 슬쩍 옆으로 비켜나거나 엔드 런(End run, 미식축구에서 상대편의 측면을 우회해 질주하는 것—옮긴이) 하는 방법을 찾아야 할 필요도 있다. 문제를 구성하는 부분들 가운데 얼핏 보기에 가장 명백한 한두 부분만이 아니라 그 문제의 모든 부분을 머릿속에서 재검토할 필요가 있을 수도 있다. 문제가 지닌 각각의 다양한 측면에 대해 그것을 바꿔보거나, 의문을 품어보거나, 확장시켜볼 수도 있다. 이것이 바로 드 보노가 '수평적 사고'라고 부른 것이다.

몇 명의 친구들이 시내에서 같이 헤엄을 치면서 놀고 있는데 한 친구가 갑자기 물속의 수초 덩굴에 휘감긴다. 그는 몸부림을 치며 빠져나오려고 하지만 여전히 머리를 수면 위로 내밀지 못하고 있다. 그의 머리는 수면보다 30센티미터 아래에 있다. 다른 친구들이 그를 구하려고 물속에 거듭해서 뛰어든다. 그러나 그가 숨을 쉬지 않고 버틸 수 있는 시간 안에 그를 구해내기가 불가능하다는 사실이 곧 분명해진다.

이때 그들 가운데 한 명이 이런 생각을 한다. 물속에 잠긴 친구가 숨을 쉬기 위해 공기가 있는 수면 위로 머리를 내밀 수 없다면 거꾸로 공기를 저 친구에게 갖다 주면 될 것 아닌가? 마침 냇가에 있는 어느 집에 가보니 정원에 물을 뿌릴 때 쓰는 호스와 정원의 나무를 다듬는 데 쓰는 가위가 있다. 가위질을 두 번 해서 60센티미터 길이의 호스 토막을 만든다. 임시방편이긴 하지만 물속에 잠겨 있던 친구는 그걸 이용해 숨을 쉴 수 있게 되어 목숨을 건진다. 문제의 여러 측면 가운데 쉽게 해결할 수 있는 측면으로 눈길을 돌린 친구가 있었기에 그는 죽지 않고 산 것이다. 말 그대로 수평적 사고 덕분에 목숨을 건진 셈이다.

고대의 과학자 아르키메데스에 관한 잘 알려진 이야기를 떠올려 보자. 당시의 왕은 자기가 거느리고 있는 금속기술자에게 금을 한 덩어리 주고 그것으로 왕관을 만들게 했다. 그런데 왕은 그 금속기술자가 금덩어리 가운데 일부를 떼어내 착복하고 대신 그만큼의 은을 집어넣어 왕관을 만든 게 아닌가 하는 의심을 품게 됐다. 진상규명의 임무가 아르키메데스에게 맡겨졌다.

왕관의 부피를 정확하게 측정할 수 있다면 어려울 것이 없다. 왕관과 똑같은 부피의 순금을 얻어와 그 무게와 왕관의 무게가 같은지 재보면 된다. 만약 왕관이 순금보다 가볍다면 그 왕관에는 은이 일부 섞였다고 판단하면 되는 일이다. 그러나 문제가 있었다. 장식용 줄이 많이 달리고 복잡하게 제작된 왕관의 부피를 어떻게 정확하게 측정할 수 있겠는가? 부피를 재기 위해 왕관을 녹일 수는 없었고, 그대로 놔두고 부피를 계산하자니 평생이 걸려야 가능할 일이었다. 어떻게 해야 하나?

어느 날 아르키메데스는 이 문제로 마음이 갑갑한 상태로 공중목욕탕에 갔다. 그는 공중목욕탕 안에 있는 여러 개의 욕조 가운데 하나에 몸을 담갔다. 그러자 욕조 안에 있던 물이 흘러넘쳤다. 바로 그때 그는 '수평적' 해법을 발견했다. 모든 고체의 부피는 그것을 물에 담갔을 때 그 고체가 밀어낸 물의 부피와 같은 것이다. 왕관도 이와 같은 방식으로 간접적으로 부피를 잴 수 있는 것이었다. 이제 알아야 할 것은 왕관이 밀어내는 물의 양뿐이었다. 아르키메데스가 벌거벗은 채 집으로 뛰어간 건 바로 이때였던 것으로 보인다. 그는 너무 흥분해서 옷을 입는 것도 잊어버렸다. 집으로 뛰어가면서 그는 "유레카(바로 이거다)!"라고 목청껏 외쳤다.

현대의 과학자들도 이와 비슷한 도전에 종종 직면한다. 그럴 때면 수평적 사고가 계속해서 예기치 못한 해법을 제시해준다. 예를 들어 천문학자들은 태양 이외의 다른 항성에도 그 주위를 도는 행성이 있을지 모른다는 생각을 하게 됐다. 그러나 가장 좋은 천체망원경으로도 그런 행성을 관측하기가 어려웠다. 설령 그런 행성이 있다 해도 그 빛은 매우 흐릿해서 행성이 도는 궤도의 중심에 있는 항성의 강한 빛에 압도당해 보이지도 않을 것이다. 이 문제에 대한 천문학자들의 해법은 행성을 찾기보다는 행성의 중력이 항성의 운동에 일으키는 흔들림 현상을 찾는 것이었다. 또다시 간접적인 방법이 이용된 셈이다. 아르키메데스가 스스로 뿌듯해 할 만하다.

문제는 기회다

막강한 현역 상원의원에 대항해 상원의원 선거에 나섰을 때 폴 웰스톤(Paul Wellstone)은 미네소타 주의 한 대학에 재직 중인 무명의 정치학 교수였다. 웰스톤은 돈이 거의 없었다. 돈이 없다는 것은 주 단위의 선거에서는 보통 죽음의 키스나 다름없었다. 그러나 웰스톤은 선거운동 과정에서 자기에게 돈이 없다는 사실 자체를 장점으로 만들어버렸다. 그의 선거참모들은 극단적으로 짧은 텔레비전 광고를 만들었다. 이 광고에서 웰스톤은 주요 선거쟁점들에 대해 매우 빠른 속도로 말했다. 이런 방식으로 웰스톤은 자기의 견해를 유권자들에게 알린 것은 물론이고, 더 중요하게는 상대후보가 자금력을 독점하고 있다는 사실을 부각시켰다. 사람들은 이 광고를 보고 웃음을 터뜨렸고, 그게 무슨 의미인지를 알아차렸다. 웰스톤은 선거운동을 계속해 결국 승리를 거두었고, 상원에서 훌륭한 의정활동을 펼쳤다.

우리는 추구하는 계획을 방해하거나 복잡하게 꼬이게 할 수 있는 어떤 일이 생기면 그런 상황에 '문제'라는 딱지를 붙인다. 그러나 이런 딱지 자체가 덫이 되고, 바로 그 문제에 내재된 가능성을 보지 못하게 우리 눈을 가릴 수 있다. 가진 돈이 없었던 웰스톤의 처지와 마찬가지로 문제가 오히려 기회가 될 수도 있다. 간단히 말해 우리는 문제를 제거하려고 노력하기보다는 문제를 어떻게 이용할 수 있을지를 생각해야 한다. 이것이 바로 문제 자체를 재구성하는 두 번째 방법이다. 이것을 '기회포착'이라고 부르자.

1장에 나왔던 바위 문제를 다시 끄집어내보자. 처음에 우리는 바위를 옮기려고 했다. 그 다음에 우리는 집을 옮기고자 했다. 이것은 수평적인 사고에 따른 조치다. 그러나 마지막으로 우리는 그 바위를 활용해서 더 나은 집을 짓기로 결정했다. 이제 바위는 문제가 아니라 그 자체가 하나의 해법이 된 것이다. 바위를 극적인 효과를 내주는 벽으로 활용하는 방향으로 집의 설계를 다시 함으로써 훨씬 더 좋고 근사한 집을 지을 수 있게 된 것이다. 그래서 바위는

수평적 사고와 화성탐사 우주선

당신이 나사(NASA, 미항공우주국)의 연구원이라고 가정하라. 당신은 나사에서 화성의 표면에 착륙할 우주선을 설계하는 일을 하고 있다. 문제는 화성의 표면이 암석으로 덮여있어 울퉁불퉁하다는 것이다. 바위 부분에 착륙한 탐사선은 쓰러지거나 암석 틈에 끼기 쉽다. 이렇게 되면 탐사선이 손상을 입게 되고, 태양전지판이나 안테나를 펴는 게 불가능해진다. 그리고 5억 달러가 날아간다. 이런 일은 실제로 벌어졌다.

화성탐사 계획을 세우는 사람들은 그동안 평평하고 암석이 없는 곳을 탐사선의 착륙지점으로 선정하기 위해 노력했다. 그러나 그런 곳이 어디인지는 알기 어렵다. 더구나 표면이 험난한 지역이 바로 화성탐사 계획을 세우는 사람들이 탐사해보고 싶은 곳일 때도 많다. 탐사선 자체는 연착륙할 수 있다. 다시 말해 탐사선이 화성 표면에 내릴 때 감속용 역추진 로켓을 가동하면 표면에 사뿐히 착륙할 수 있다. 물론 이를 위해서는 탐사선을 훨씬 더 복잡하게 만들어야 하고 소모되는 연료의 양도 많아지기 때문에 탐사선의 무게가 무거워지고 탐사비용도 훨씬 많이 들지만, 그렇게 못할 것은 없다. 하지만 이뿐만 아니라 암석이 있는 곳이든 없는 곳이든 탐사선은 제 스스로 화성 표면에 착륙할 줄 알아야 한다. 화성은 지구에서 너무 멀리 떨어져 있어 원격조정으로 착륙시킬 수 없다.

이 문제에 대해 당신은 어떤 수평적 해법을 생각해낼 수 있는가? 한번 시도해보라. 연착륙할 수 있는 탐사선을 만들려고 노력하는 대신에 경착륙을 보다 잘 할 수 있는 탐사선을 만들려고 노력해보는 것은 어떨까? 다시 말해 착륙의 충격을 크게 줄일 수 있는 방법을 찾아보자는 것이다. 좋은 생각인 것 같다. 이런 발상전환만으로도 문제의 절반을 해결할 수 있다. 그러나 그런 방법을 찾는다고 해도 어느 정도는 평평한 착륙지점을 발견해야 하는 문제는 아직 해결되지 않았다. 인공지능

오히려 기회가 됐다.

텍사스 주 남부의 히스패닉 마을들 가운데 99퍼센트는 거의 전적으로 스페인어만 사용하는 것이 문제이며 약점이라는 말을 거듭

기술을 이용하면 어떨까? 아마 그것도 가능할 것이다. 그러나 인공지능 기술을 이용하려면 어마어마한 비용을 더 들여야 할 것이고, 탐사선의 무게와 착륙 사이의 불확실성이라는 문제가 남는다. 계속 더 생각해보자. 평평한 착륙지점을 찾는 어떤 간단한 방법은 없을까?

그런 방법은 분명히 있다. 넓은 마당에 비치볼을 하나 놓아보라. 그러면 그 비치볼은 스스로 알아서 평평한 곳을 찾아낸다. 필요한 것은 중력과 약간의 시간뿐이다. 재미있는 유추라고 생각하지 않는가?

2004년 초 커다란 '비치볼'을 뒤집어쓴 탐사선 두 대가 화성에 접근했다. 그 탐사선들은 화성의 대기권에 진입한 뒤 처음에는 역추진 로켓, 그 다음에는 낙하산을 이용해 속도를 낮추었다. 화성 표면에서 수십 미터 높은 곳에 이르렀을 때 탐사선들은 낙하산에서 분리돼 아래로 떨어졌다. 그러자 그 탐사선들은, 그렇다, 당신이 상상하는 대로 화성 표면을 치고 튀어 올랐다가 다시 떨어지기를 반복했다. 처음에는 튀어 오른 높이가 15~18미터나 됐지만, 결국에는 저절로 이리저리 튀고 구르다가 멈추었다. 그 다음에 비치볼에서 바람이 빠졌고, 탐사선들은 화성표면 탐사에 나섰다.

최근의 소식에 따르면, 나사는 차세대 탐사선 설계에도 이런 비치볼 개념을 더욱 확대해 응용하려고 한다. 발동기가 장착된 골프 카트와 비슷하게 탐사선을 만들기보다는 들판에 굴러다니는 풀덩어리나 풍선, 또는 비치볼과 같이 바람 따라 이리저리 굴러다니는 탐사선을 설계한다는 것이다. 그런데 이 아이디어는 나사와의 계약 아래 노스캐롤라이나 주립대학 공학과가 지원한 인근의 초등학교 6학년 과학 수업시간에 어떤 학생이 처음 제안한 것이라고 한다. 이 모든 사실로부터 우리는 창조적 사고가 곧 로켓과학인 것은 아니지만 로켓과학은 분명히 창조적 사고를 이용할 수 있는 분야라는 사실을 알 수 있다! 당신도 문제가 풀리지 않아 궁지에 몰리게 되면 초등학교 6학년생에게 물어보라.

들어왔다. 그러나 지역사회 단체들의 뒷받침을 받은 이들 지역의 일부 학생들은 이 문제에 다르게 접근했다. 거의 스페인어만을 사용하는 학교가 있는 게 그렇게 끔찍한 단점이냐고 학생들은 물었다. 바로 그런 상황에 어떤 장점이 있다고 보는 사람이 아무도 없다는 말인가?

이런 식으로 질문을 던진 학생들 스스로의 답변은 "당연히 장점이 있다"였다. 미국 전역의 다른 지역에서 학교를 다니는 학생들은 절실하게 스페인어를 배우고 싶어 한다. 외국어를 배우는 데는 집중몰입 교육이 좋은 방법이라는 것은 누구나 다 알고 있다. 그리고 모든 언어가 다 마찬가지이지만 스페인어는 특히 스페인 문화를 체험하면서 배우는 것이 가장 좋다. 그렇다면 거의 스페인어만 사용하는 이 지역의 학교를 스페인어를 가르치고 배우는 집중몰입 교육의 장소로 활용하지 않을 이유가 있는가? '교사'도 넉넉할 정도로 많은 게 분명하다. 왜냐하면 이 지역의 모든 학생이 스페인어 교육을 도울 수 있기 때문이다. 이 아이디어는 전면적인 스페인어 교육 프로그램으로 발전했다. 지금 이 프로그램에는 교실에서의 수업, 지역사회의 히스패닉 문화행사 참여는 물론이고 멕시코 여행까지 들어있다. 멕시코로 여행 간 학생들은 텍사스 주의 학교들과 자매결연을 맺은 멕시코인 가정에서 숙박한다.

환경과 관련된 많은 쟁점들도 역시 기회포착을 위한 생각 바꾸기를 하기에 적합한 주제다. 재활용을 예로 들어보자. 자연에서는 어느 한 생물종에게는 쓰레기인 것이 다른 생물종에게는 자원이 된다. 나무는 우리가 내뱉는 이산화탄소를 활용하고, 우리는 나무가 내뱉는 산소를 활용한다. 그렇다면 우리의 체제에서 생겨나는

두 개의 문제, 하나의 해법

헨리 포드가 '모델 티(T)'의 조립라인을 처음 설치해 가동할 때였다. 포드자동차에 볼트와 쿠션 같은 것을 공급하는 납품업자가 그런 자재를 납품할 때 쓰는 포장용 상자를 구체적으로 어떻게 만들라는 요구를 받았다. 어떤 종류의 나무를 어떤 규격으로 자르고 어느 부분에 구멍을 뚫어 상자를 만들어야 한다는 식이었다. 납품업자는 당황했지만 포드자동차와 계속 거래를 하고 싶었기에 시키는 대로 따랐다.

모델 티 조립라인의 노동자들이 납품자재가 든 상자를 열었을 때 그 이유가 비로소 분명해졌다. 상자 안에 든 자재는 그것대로 필요한 것이었지만, 상자 자체도 분해되어 모델 티 자동차의 바닥으로 사용될 것이었다. 분해된 상자의 나무판들은 모델 티의 바닥으로 쓰기에 적절한 규격으로 이미 잘려 있었고 구멍도 적절한 곳에 나 있었다.

포드는 "남아도는 포장용 상자를 어떻게 없앨 수 있을까?"라고 단순하게 문제를 제기했을 것이다. 포드 외에는 그 누구도 포장용 상자를 버려야 할 쓰레기 이상으로 보지 않았다. 그러나 포드는 "그 상자를 어디에 사용할 수 있을까?"라는 질문을 자기 자신에게 던졌다. 그 결과 남아도는 포장용 상자가 쓰레기가 되는 대신 하나의 기회가 된 것이다. 포드는 두 개의 문제, 즉 모델 티의 바닥으로 쓸 자재를 확보하는 문제와 불필요하게 남아도는 포장용 상자를 없애는 문제를 집어 들고는 그것을 하나의 해법으로 전환시킬 수 있었다. '재사용' 또는 '후속사용'을 물품의 디자인 단계에서 계획적으로 고려하게 된 것이다. 오늘날 일부 학자들은 이렇게 하는 것을 가리켜 '프리사이클링(precycling, 재활용을 미리 고려해 생산이나 소비를 함으로써 폐기물의 발생을 원천적으로 줄이는 것-옮긴이)'이라고 부른다. 우리는 프리사이클링을 훨씬 더 다양하게 실천할 수 있다.

거대한 양의 쓰레기에 대해서도 이런 자연의 방식으로 생각해볼 수는 없을까? 우리가 버리는 쓰레기를 일종의 원료가 되는 자원으로 바라볼 수는 없을까?

지금 미국에서는 건축폐기물이 매립되는 쓰레기 전체의 40퍼센트에 이른다. 이렇게 버려지는 건축폐기물을 새로운 건설의 재료로 재활용하지 못할 이유가 있는가? 또 애초에 건축재료를 쉽게 재활용할 수 있도록 만들지 못할 이유가 있는가? 또 하나의 예를 들자면, 발전소에서 '잉여'의 열이 발생하는데 그 열은 보통 대기나 강물 속으로 흩어져버리면서 막대한 비용을 초래한다. 이런 잉여의 열을 어디에든 활용할 수 없을까? 주택난방용으로 사용하는 것은 어떨까? 바로 이런 생각이 '열병합 발전'이 생겨난 원천이다. 열병합 발전소는 주변의 지역사회에 온수를 판매하기도 한다. 이는 당연히 전력과 열을 생산하는 데 드는 비용을 줄여준다.

예방을 하자

병에 걸려 치료를 해야 하는 처지가 되기보다는 미리 건강을 챙기는 게 낫다는 것은 누구나 다 안다. 늘 아는 대로 행동하지 않아서 그렇지, 우리가 그렇게 알고 있는 것은 분명하다. 감기에 걸려 충혈 완화제나 목캔디를 꺼내 먹는 것보다는 매일 비타민을 섭취하는 것이 훨씬 더 현명한 행동이다. 감기에 걸리면 아무리 충혈완화제나 목캔디를 먹는다 해도 감기에 따른 고통을 어느 정도는 겪어야 한다. 이런 속담도 있다. "일 파운드의 치료보다 일 온스의 예방이 낫다." "적당한 때에 한 바늘 꿰매놓으면 나중에 아홉 바늘 꿰매야 하는 수고를 던다."

이런 사고도 창조적 사고의 한 가지 형태일 수 있다. 전략은 똑같다. 예방 차원에서 미리 전향적으로 생각하자는 것이다. 문제를 이미 주어진 것이어서 어쩔 수 없는 것이라고 보지 말라. 애초에 그 것이 문제가 될 수밖에 없었던 것이냐는 질문을 던져봐야 한다. 문제의 원인을 들여다보라. 말하자면 문제의 배경에 무슨 문제가 있는지를 생각해보라는 것이다. 이런 문제 또는 저런 문제에 옴짝달싹하지 못하게 붙잡힌 상태에서 벗어날 수 있도록 아예 관련된 상황을 재정리하는 방법은 없을까? 적어도 문제가 너무 자주 생기거나 너무 풀기 어려운 형태로 생기는 것은 어떻게든 막을 수 있지 않을까?

다음은 내가 신문에서 본 글에서 인용한 것이다.

최근에 한 어머니가 내게 이렇게 투덜댔다. 아홉 살짜리 딸이 하루에 여덟 시간이나 텔레비전을 보는데 자기로서는 그렇게 하지 못하게 할 방도가 없다는 것이었다. 나는 "왜 그렇게 하지 못하느냐?"고 물었다. 그 어머니는 이렇게 대답했다. "텔레비전이 그 아이의 방에 있거든요."

당신은 지금 부모와 아이들 사이에 흔히 벌어지는 다툼을 떠올릴지 모르겠다. 그러나 뭔가 창조적인 해법을 생각해볼 수도 있다. 아이가 텔레비전을 꺼놓고 있거나 주 단위로 텔레비전을 보는 시간표를 짜놓고 지킨다는 데 동의하면 보상을 해주는 것도 한 가지 방법이 될 것 같다. 그러나 명백하게 가장 좋은 해법은 단순히 아이의 방에서 텔레비전을 치우는 것이다. 놀라운 점은 이런 해법이 그 어머니의 머리에는 전혀 떠오르지 않았던 게 분명하다는 점이다. 때로 우리는 예방 차원에서 생각하기 위해 다른 사람의 도움이 필요한 것 같기도 하다.

십여 년 전에 뇌사자 문제에 관한 논쟁에 모든 사람이 휩쓸려든 적이 있다. 뇌는 죽었는데 몸은 병원에서 인공호흡기에 의존해 살아있는 사람에 대해 어떻게 해야 하느냐는 문제였다. 가족들은 뇌사자가 죽을 수 있게 해달라고 간청하는 경우가 많았다. 그러나 법은 이 문제에 대해 명확하지 않았고, 이 문제의 처리에 관한 어떤 도덕적인 선례도 없었다. 그래서 보통은 뇌사자가 뇌사상태로 유지됐고, 몇 년씩 그런 상태로 계속 살아있으면서 가족의 재산을 날리고 가족의 마음에도 고통을 안겨주는 경우가 많았다.

이런 종류의 상황에서는 좋은 해법을 찾을 수 없을 것 같기도 하다. 실제로 사람들을 좋은 해법을 찾지 못하고 있었다. 그런데 중요한 변화가 하나 일어났다. 이런 종류의 상황이 발생할 것에 대비해 살아있을 때 미리 유언장을 써놓는 관행이 생겼다. 생전유서

(living will) 제도가 바로 그것이다. 지금은 대부분의 사람들이 이런 문제에 대해 미리 자기의 의사를 밝혀둔다. 그리고 대개는 자기가 뇌사자와 같은 상태가 되면 계속 살려두지 말고 죽게 놔두기를 바란다는 뜻을 밝혀둔다. 이로써 법률가들은 더 이상 골치를 썩일 필요가 없게 되어 만족하게 됐고, 뇌사자 문제에 관한 논쟁 자체가 크게 가라앉았다. 이는 "일 파운드의 치료보다 일 온스의 예방이 낫다"는 속담을 떠올리게 하는 사례다.

인공수정 병원들도 이와 비슷한 해법을 실행하고 있다. 인공수정 병원들이 부부의 수정배아를 보관해주는 서비스를 시작했을 때 문제가 발생했다. 수정배아를 보관시킨 부부가 갈라서게 되면 인공수정 병원도 큰 분쟁에 말려들게 되는 문제였다. 갈라선 부부 가운데 어느 쪽에 수정배아에 대한 '소유권'이 있는가? 우리는 곧바로 이건 안 되겠다는 식의 부정적인 반응에 부닥쳤고, 몇십 년 동안 수정배아의 소유권과 관련된 분쟁이 소송으로 번지는 상황을 지켜봐야 했다. 그러다가 마침내 인공수정 병원들이 현명하게도 아주 다른 방향에서 예방책을 강구하기 시작했다. 이제 인공수정 병원들은 수정배아를 수탁하기 전에 부부에게 이혼하게 될 경우 수정배아에 대한 '소유권'을 누가 가질 것인지를 지정하도록 요구한다. 이로써 아무런 문제가 없게 됐다! 사실 인공수정 병원들의 이런 조치는 일 온스의 예방도 안 된다. 일 밀리그램의 예방 정도라고나 할까? 그러나 이런 조치만으로도 문제가 해결됐다.

이번엔 과속운전 문제를 다시 살펴보자. 앞에서 우리는 과속운전을 하면 차의 지붕 위에 달린 경고등이 켜지게 한다든가 핸들 한가운데에 운전자를 위협하는 큰 못을 박아둔다든가 하는 특이한 대응방안을 검토했다. 그렇지만 앞에서 우리가 하지 않은 것이 하나 있다. 그것은 애초에 사람들이 왜 과속운전을 하느냐는 질문을 던지는 것이다. 과속운전의 원인을 해결하거나 제거함으로써 과속운전을 줄일 수 있지 않을까? 이 경우에 '예방'을 한다면 그것은 어떤 형태가 될까?

과속운전을 할 수 있게 하는 전제조건 가운데 하나는 자동차가 제한속도보다 훨씬 더 빠르게 달릴 수 있게 돼있다는 것이다. 그렇다면 터무니없을 정도로 간단한 방법으로도 과속운전을 줄일 수 있다. 그 방법은 그렇게 빨리 달릴 수 있는 자동차의 제조를 금지하는 것이다. 적어도 장시간 과속하지 못하도록 자동차를 만들게 할 수는 있을 것이다. 모종의 속도통제 장치를 자동차에 내장시키는 것이다. 최근 영국에서 나온 한 연구보고서는 위성을 이용한 위치정보시스템(GPS)과 도로여건 표시판을 통해 제공되는 교통정보에 따라 작동되는 간단한 속도제한 장치만으로도 치명적인 교통사고를 60퍼센트나 줄일 수 있다는 결론을 내렸다. 이 수치를 미국에 그대로 적용해보면 그런 간단한 속도제한 장치만으로도 1년에 2만 5천 명의 목숨을 구할 수 있다는 이야기가 된다.

나도 매우 드문 일이기는 하지만 과속운전을 한다. 주로 출근이

늦어진 경우에 그렇다. 이런 나의 과속운전 이유를 생각하면 곧바로 의외의 방법이지만 완전히 논리적인 예방법 몇 가지가 떠오른다. 출근시간에 좀 일찍 출발하는 것이 그 가운데 하나다. 이와 비슷한 방법으로, 첫 강의를 조금 늦게 시작하는 것으로 수업시간을 조정하면 출근을 좀 덜 서둘러도 될 것이다.

이런 생각을 일반화하지 못할 이유가 없다. 많은 직장에서 '플렉스타임(flextime)', 즉 신축적인 근무시간 제도를 도입할 수 있을 것이다. 이 제도는 아침 출근시간을 정해놓지 않고 실제로 출근한 시간부터 업무를 시작하는 것이다. 이 제도는 경직적인 근무시간으로 인해 초래되는 시간의 압박을 단번에 완화시켜준다. 이 제도를 도입하면 사람들이 고정된 출근시간을 맞추기 위해 과속운전을 하는 일이 없을 것이다.

이것은 문제해결의 또 다른 방법이라는 점에 주목하라. 우리는 문제를 고정된 것으로 보지 않았고, 창조적이든 아니든 주어진 문제에 대응하려고만 하지도 않았다. 우리는 이번에는 문제 자체를 재구성했다. 그러자, 어쩌면 당연한 일이겠지만, 다른 종류의 쟁점과 이점이 부각됐다. 예를 들어 플렉스타임 제도는 교통량이 출근시간대의 짧은 시간에 집중되는 현상을 완화시켜 교통체증을 줄여준다는 또 다른 측면을 지니고 있다. 이 점은 중요하다. 왜냐하면 교통체증은 자동차의 운행속도를 낮추고 운전자들에게 조급증을 불러일으키기 때문에 그 자체가 과속운전의 한 가지 이유가 되기 때문이다. 그렇다면 직장의 출근시간과 퇴근시간을 통일시키지 말고 다양화하는 방법도 권장할 만하다. 또한 도로가 보통 최대의 교통혼잡, 즉 러시아워 시간대의 교통량을 염두에 두고 설계된다는 점을 고려하면 플렉스타임 제도가 도로증설에 대한 수요도 줄여줄 것임을 알 수 있다. 그렇다면 우리는 플렉스타임 제도의 도입을 통해 도로를 증설하고 유지하는 데 드는 비용도 엄청나게 절약할 수 있을 것이다.

연습문제

1. 성가신 일상의 문제 몇 가지를 아래에 다시 열거한다. 이 장에서 소개한 도구를 이들 문제에 적용해보라. 각각의 경우에 제시된 그대로의 문제를 풀기보다는 그 문제를 재구성하는 방법은 없는지를 자문해보라. 수평적으로, 기회를 포착하겠다는 자세로, 그리고 예방이 가능하게끔 문제를 재구성하라. 아울러 문제의 재구성은 당신에게 맞는 방향으로 이루어져야 한다. 말하자면 어떤 구체적인 상황에 대해 당신이 할 수 있는 일이 무엇인지를 고려해야 한다.

- 습관적인 지각. 당신의 아이들이나 당신 자신, 또는 당신이 믿는 누군가가 자꾸만 등교나 출근을 늦게 하는 것. 만약 아침에 늦지 않게 일어나는 것이 당신에게 어려운 일이라면 이 문제도 검토해볼 수 있겠다.
- 위층이나 아래층, 또는 바로 옆의 이웃이 낮 또는 밤의 부적절한 시간대에 음악을 크게 틀어놓는 것.
- 따분함. 이 문제에 대해서는 이미 2장에서 몇 가지 아이디어를 살펴보았다. 그러나 생각을 더 해보라. 아울러 당신이 주로 학교나 직장에서 따분함을 많이 느낀다면 이 문제를 어떻게 해결해

야 하는지를 생각해보라.

■ 끝없이 긴 줄에 서서 기다리는 일. 이는 식료품점, 공항의 검색대, 정부의 운전면허 관리청 등에서 늘 겪는 일이다. 교통체증으로 차 안에 갇혀 있는 것도 비슷한 문제다.

■ 잡초. 잡초는 그 가치를 어떻게 평가해야 할지를 우리가 알지 못하는 식물일 뿐이라고 한 에머슨의 말은 옳은가?

2. 제품이나 사회제도의 설계에 관한 문제들의 목록을 제시한다. 이들 문제를 위와 같은 방식으로 다뤄보라. 물론 이용할 수 있는 도구는 다 이용해도 된다. 그러나 이 장에 언급된 도구를 주로 이용해보라.

■ 자동차가 미끄러져서 도로 밖으로 튀어나가거나 쌓여있는 눈더미에 처박힐 수 있다. 이럴 때 보다 쉽게 그런 곤경에서 빠져나올 수 있게 하려면 자동차의 설계를 어떻게 바꿔야 할지를 생각해보라.

■ 온수기는 필요할 때만 잠깐씩 사용하는 물건이다. 그럼에도 온수기는 언제나 많은 양의 물을 데워놓고 있다. 그런가 하면 때로 우리는 온수기가 데워놓고 있는 물보다 더 많은 양의 온수를 필요로 하기도 한다. 이른바 '주문형' 온수기는 이 두 가지 문제를 다 해결해주지만, 순간적으로 물을 데우기 위해서는 당연히 많

은 양의 에너지를 소비한다. 더구나 당신은 여러 장소에서 온수를 써야 하므로 그 각각의 장소마다 온수기를 갖춰둬야 한다. 이런 점들을 고려해서 더 나은 온수기를 설계해보라.

■ 잔디밭이나 골프장은 잡초가 자란다는 문제 외에 제초제와 비료를 많이 사용해야 할 뿐만 아니라 엄청난 양의 물을 필요로 한다. 이 때문에 비가 적게 내리는 건조한 지역에서는 잔디밭이나 골프장이 귀중한 물을 엄청나게 먹어치운다는 것이 큰 문제가 될 수 있다. 좋은 대책이 없을까?

■ 보험에 들지 않은 무보험 운전자가 갈수록 더 늘어나고 있다. 그래서 우리는 이제 무보험 운전자로부터 자신을 보호하기 위한 보험에 가입해야 할 판이다. 어떤 대책이 가능할까?

■ 우리 아이들의 생활이 지나치게 바쁘고 산만하다. 여기선 축구를 하고, 저기선 음악 레슨을 받고, 또 20분이나 차를 타고 가서 친구를 만나고 하는 식이다. 이대로 놔둬도 되는가?

■ 미래의 유인 우주탐사선을 생각해보자. 사람이 탐사선을 타고 우주로 나가 탐사활동을 벌이는 것이 그동안 어떤 것이었는지를 당신을 알 것이다. 미래에는 그 모습이 어떻게 바뀔까? 우주탐사가 획기적으로 더 훌륭하게 이루어지게 하려면 어떻게 해야 할까? 힌트를 하나만 주겠다. 탐사를 위해 우주로 나간 사람이 반드시 지구로 돌아와야만 하는 것일까?

3. 중요한 사회문제 가운데 몇 개를 소개한다. 이들 사회문제에 접근하는 통상적인 방법을 간략히 설명해보는 것으로 시작하라. 이렇게 해보면 통상적인 방법에 어떻게 대응해야 하고, 그런 방법을 어떻게 넘어서려고 해야 하는지를 알게 될 수 있다. 가지고 있는 도구를 다 이용하라. 그러나 다시 강조하지만 이 장에서 소개한 도구를 집중적으로 이용하라.

- 홈리스. 당신은 홈리스 문제를 처음부터 다시 생각해볼 수 있는가?
- 도시의 무질서한 팽창. 도시의 팽창은 문제이기도 하지만 도시 계획가들에게는 다시없는 기회를 제공하기도 한다고 생각하지 않는가? 그렇다면 어떻게?
- 우리는 해안지역의 주택과 도로 등의 건축물이 태풍이 몰고 오는 바람과 해일 등에 의해 피해를 입기 쉽다는 점에 대해 점점 더 많은 걱정을 하고 있다. 해안지역에 살거나 해안지역을 찾는 사람들에 대해 우리는 어떤 다른 생각을 할 수 있을까? 해안도시를 건설하는 더 나은 방법이 있을까?
- 미국의 전체 인구 가운데 5분의 1 내지 4분의 1은 비만이다. 사람들은 시간을 내어 운동할 생각은 하지 않으면서 너무 많이 먹기만 한다. 비만 문제에 대응하는 새로운 아이디어는?
- 노인들은 무엇을 하면서 시간을 보낼 수 있을까? 노인들의 욕구에 부응하고 노인들이 사회에 더 많이 기여할 수 있도록 사회구

조를 바꾼다면 어떻게 바꿀 수 있을까? 내가 가르치는 학생들이 제안한 것과 같은 양조부모 제도에 대해 어떻게 생각하는가? 노인이 된다는 것은 또 어떤 기회를 더 갖게 되는 과정일까? 기억의 부분적인 상실을 반드시 노인의 정신적인 결함으로 봐야 하나? 아니면 노인의 강점으로 간주할 수 있을까? 강점이 된다면 어떻게 강점이 되는 것일까?

■ 마약은 학교나 직장으로부터, 또는 삶 자체로부터 도피할 수 있게 해준다고 우리는 말한다. 그러나 마약의 이런 기능은 또 다른 문제들을 낳을 뿐이다. 애당초 왜 그렇게 많은 사람들이 그러한 도피를 필요로 할까? 그러한 도피의 유혹을 약화시키기 위해 우리가 학교나 직장, 또는 삶 자체에 대해 할 수 있는 일에는 어떤 것들이 있을까? 삶을 더 즐겁고 재미있는 것으로 만드는 방법이지만 마약처럼 위험하지는 않은 방법은 없을까?

■ 마약과 관련된 또 하나의 쟁점을 들어보자. 경기력을 향상시켜주는 마약을 사용하는 운동선수들이 있다. 고등학생이나 그 이하의 연령대에 속하는 어린 운동선수들까지 비정상적인 경쟁우위를 얻기 위해 자기의 건강을 해칠 수 있는 마약에 손을 대고 있다. 세계반도핑기구(World Anti-Doping Agency)라는 국제기구가 있다. 그럴듯한 이름 아닌가? 어쨌든 이 국제기구는 올림픽과 같은 경쟁적인 스포츠대회를 감시한다. 그러나 운동경기에서 마약을 추방하고 공정한 경기를 벌이고자 하는 운동선수들이 훨씬

더 많을 것이다. 이 모든 문제를 해결하기 위한 뭔가 새로운 방법은 없을까?

■ 우리는 가장 중대한 범죄에 대한 징벌로 사형이나 종신형만을 생각하는 경향이 있다. 다른 징벌수단은 없을까? 징벌과 감금이라는 문제에 대해 뭔가 달리 접근하는 방법은 없을까?

이 밖에도 당신은 이 책에서 검토했던 다른 쟁점들에 대해서도 얼마든지 다시 생각해볼 수 있다. 그동안 이 책을 읽으면서 써놓은 메모를 가지고 시작해보라. 다시 강조하지만, 여기서 당신이 해주었으면 하는 것은 이 장에서 배운 방법들을 이용해 앞으로 더 많이 나아가는 것이다.

06

내 안의 창조성이
늘 깨어있게 하라

여기까지 읽었다면 당신은 이제 창조적 사고의 가능성에 완전히 매료당한 상태가 아닐까 기대해본다. 나는 이 장에서 창조적 사고를 삶의 한 방식으로 그려 보이면서 이 책을 마무리하고자 한다.

일상에서의 창조성

바로 지금, 어디에 있든 주위를 둘러보라. 지금 당신은 학교 교실에 있거나 도서관에 있을 것이다. 아니면 집에 있을 수도 있고, 어딘가 다른 곳에 있을지도 모르겠다. 찬찬히 오래 주위를 살펴라. 그런 다음 스스로에게 이렇게 물어보자. "내가 있는 이곳을 좀 더 개선해볼 방법이 없을까?" 지금 있는 공간을 크게 개선해줄 변화 가운데 당장 실행하거나 실현할 수 있는 변화가 한두 개라도 있는가? 램프를 새것으로 바꾸는 것? 벽을 다른 색으로 칠하는 것? 벽화를 걸어보는 것? 창문을 여는 것? 방 안의 좌석배치를 바꿔보는 것?

어떤 것이든 괜찮다. 당신이 어디로 시선을 돌리든 그곳에는 여러 가지 문제와 가능성이 동시에 상존해있다. 당신은 지금 자전거를 타고 집으로 가고 있는가? 그렇다면 머리에 쓰고 있는 자전거 헬멧의 끈 때문에 턱밑이 불편할지도 모르겠다. 그 불편한 느낌을 없앨 수 있는 좋은 방법이 있을까? 그 방법을 찾아내보라. 당신의 자전거 옆으로 지나가는 자동차들의 범퍼에 스티커가 붙어있는 게 보일 것이다. 자전거에도 그런 스티커를 붙일 수 있지 않을까? 자전거의 어느 부분에 스티커를 붙이는 것이 좋을까? 그리고 그 형태는? 좀 더 시야를 넓혀 생각해보자. 당신이 살고 있는 도시 전체가 자전거를 타고 다니기에 보다 편리한 곳이 되게 하려면 어떻게 해야 할까? 자동차가 다니는 길과 구분된 자전거 전용도로? 자동차 운행은 금지되고 오직 자전거만 다닐 수 있는 자전거 전용시간대? 이 밖에 또 어떤 방법이 가능할까?

노인복지 센터에서 연세가 아주 많은 노인들을 위해 춤을 지도해주는 사람을 알게 됐다고 하자. 파티에 초대받아 갔다가 만났다고 해도 되겠다. 그는 노인이 휠체어에 앉은 채로, 또는 상체만으로 출 수 있는 춤이 필요하다고 말한다. 이런 말을 듣고 당신은 그저 미소만 지어 보이고 말 수도 있다. 그러나 그의 말을 듣자마자 곧바로 브레인스토밍을 할 수도 있다. 어떤 깃발이나 긴 띠를 이용해보는 것이 어떨까? 그렇게 하면 몸을 크게 움직이지 않더라도 춤동작이 극적인 효과를 내게 되지 않을까? 그런데 아흔다섯 살의 노인만이 출 수 있는 춤은 어떤 것일까?

이번엔 밤에 자다가 꾸는 꿈에 대해 생각해보자. 어떻게 하면 꿈을 더 잘 기억할 수 있을까? 꿈을 더 잘 기억하는 데 필요한 것은 뭘까? 훈련일까? 그렇다면 무슨 종류의 훈련? 아침에 일어나는 방식을 바꿔야 하나? 꿈을 매우 존중해서 모두가 간밤에 꾼 꿈대로 낮에 실제로 해보는 문화를 가진 곳도 있다고 들었다. 꿈을 그저 자기 혼자만 간직하거나 정신과 의사에게만 말하는 대신 가족이나 친구들에게도 말해주는 것은 우리도 할 수 있다.

요약하자면 세상이 지금 모습 그대로여야만 할 이유가 전혀 없다. 모든 것이 다시 생각해볼 수 있는 것이며, 모든 것이 변한다. 어떤 것이든 그것이 지금 어떠한가만 생각하지 말고 그것이 앞으로 어떻게 바뀔 수 있는가를 생각해보라. 언제 어디서든 이런 생각을 해보라. 그리고 실제로 어떤 변화를 시도해봄으로써 그 생각을 관철해보라. 꿈의 노트북, 새로운 자전거 헬멧…. 무엇이든 다 좋다. 어쩌면 새로운 사업기회를 잡아낼 수 있을지도 모른다. 당신은 이미 아침에 일찍 일어나는 것에서부터 더 나은 결혼을 하는 것에 이르기까지 일상의 문제들에 대해 진지하게 창조적 사고를 진전시킬 수 있음을 알게 됐다. 늘 창조적인 사람은 규칙적으로 창조성을 연습한다.

게다가 매일같이 창조적 사고를 하는 것은 즐겁고 재미있는 일이기도 하다. 새로운 아이디어를 떠올려보는 것은 그 아이디어가 전혀 실용적이지 않다 하더라도 그 자체로서 이미 흥미로운 일이다. 사람들이 머리를 써서 푸는 퍼즐을 좋아하는 것도 바로 이 때문이다. 기발한 연상, 브레인스토밍, 섞어 넣고 짜맞추기, 수평적 사고…. 이런 것들은 평소에 생각하던 대로 생각하는 것이 아니다. 이런 것들에는 신선함과 활력이 있기에 당신의 발걸음은 경쾌해진다.

창조적 사고는 말 그대로 건강에 좋다. 창조적 사고는 두뇌에도 좋다. 두뇌의 기능은 사람의 전 생애에 걸쳐 점점 감퇴하며 이를 막거나 예방하거나 늦추기 위해 우리가 할 수 있는 일은 그리 많지 않다고 그동안 과학자들은 생각해왔다. 그러나 이제 과학자들은 정반대로 생각한다. 인간의 정신적인 기능 가운데 일부는 시간이 흐르면서 점점 감퇴하는 게 사실이다. 그러나 정신적인 기능 가운데 거의 대부분은 정신을 운동시키면 감퇴가 줄어든다. 정신운동을 하면 혈액순환이 개선되고 새로운 뇌세포들이 자라난다. 육체적 활동만으로는 불충분하다는 걸 명심하라. 생각도 열심히 해야 한다.

창조적인 시민상

창조성은 그 자체가 사회적 기여이기도 하다. 그 기여라는 것은 가끔 헤엄치다가 물에 빠진 사람을 구해내는 것이나, 시청률이 저조한 날씨 프로그램의 인기를 되살리는 것만이 아니다. 앞에서 다뤄본 많은 사회문제를 다시 생각해보라. 아마도 지금쯤 당신은 마약,

여행, 학교, 텔레비전 프로그램, 자동차의 블랙박스, 재활용 등에 대한 완전히 새로운 사고방식이 뭔지를 알게 됐을 것이고, 더 많은 새로운 사고방식을 찾아낼 자세가 돼있을 것이다. 이런 방향으로 창조적 사고를 하면 모두의 삶을 개선할 수 있다.

　사회적 창조성을 실현하기 위해서 늘 실천해야 할 것들이 있다. 가장 먼저 필요한 것은 다른 사람들을 끌어들이는 것이다. 아울러 당신부터 가능한 한 가시적으로, 분명하게, 그리고 흡인력 있게 창조성을 실천하라. 당신의 아이들에게 창조성을 가르쳐라. 사람들에게, 즉 가족과 친구, 학생, 선생님, 같이 일하는 사람이나 직장 동료, 선출직 공무원에게 말을 걸어라. 답변을 해올 사람이라면 누구에게든 말을 걸어라. 모든 조직에는 창조적인 아이디어를 내는 사람이 있어야 한다. 당신은 이미 그렇게 하는 데 필요한 도구를 확보했다. 당신이 그런 아이디어맨이 되지 말란 법이 있는가?

　새로 생각해낸 아이디어들 가운데 가장 나은 것을 갖고 공중 앞에 나서라. 당신이 사는 지역에서 발행되는 신문의 편집자에게 편지를 써 보내라. 불평하거나 비판하기보다는 건설적인 제안을 하라. 대부분의 신문은 외부 기고자의 글을 환영한다. 지역신문의 웹사이트에 들어가 거기에 외부 기고자의 글이 실리는 코너가 있는지 확인해보라. 라디오 지역방송에서는 문제해결 프로그램을 운영하기도 한다. 이런 프로그램에서는 청취자가 전화로 문제를 제기하면 출연자들이 생방송으로 그 문제에 대해 곧바로 브레인스토밍을 한다.

시의회나 군청의 각종 위원회, 교사와 학부모의 모임인 사친회, 이웃 간의 친목 도모를 위한 단체 등에 가보라. 아마도 당신은 그런 기관이나 조직, 단체의 회의에 정기적으로 참석하는 사람이 얼마나 적은지를 알고 놀라게 될 것이다. 단 한 사람만이라도 적극적으로 나서서 발언한다면 실질적인 변화를 일으킬 수 있다. 당신이 사는 지역의 구의원이나 시의원, 또는 정책결정자와 접촉하기를 주

글로벌 아이디어스 뱅크

더 나은 세계를 만들기 위한 새로운 아이디어를 찾아내 부각시키는 일을 하는 세계적인 조직들이 있다. 그 가운데 내가 가장 좋아하는 조직은 영국의 '사회적 창안을 위한 연구소(Institute for Social Inventions)'다. 이 연구소는 '글로벌 아이디어스 뱅크(Global Ideas Bank)'라는 세계적인 웹사이트를 운영하고 있다. www.globalideasbank.org를 찾아가 확인해보라.

이 연구소는 또한 이삼 년에 한 번씩 훌륭한 아이디어들을 묶어 《비전의 책(The Book of Visions)》 《세계의 불을 밝히기(Setting the World Alight)》와 같은 근사한 제목의 책을 펴내기도 한다. 글로벌 아이디어스 뱅크의 웹사이트에 가보면 말 그대로 수천 개의 훌륭한 아이디어들은 물론, 관련된 다른 온라인 정보원들로 연결되는 링크를 볼 수 있다.

글로벌 아이디어스 뱅크는 '사회적 창안'을 "사회적인 문제를 다루거나 삶의 질을 개선하는 새로운 방법이나 상상력이 발휘된 방법"이라고 정의한다. 그러므로 "사회적 창안은 사람들이 개별적으로나 집단적으로 자기와 관련되거나 서로의 관계와 관련된 기존의 방식과 다른 어떤 새로운 방식"이라는 것이다. 글로벌 아이디어스 뱅크의 웹사이트에서 당신은 음악적이지 않은 사람에게 음악을 가르치는 법,

저하지 말라. 학교의 교장선생님이나 회사의 고용주도 마찬가지다. 새로운 아이디어가 있으면 널리 알려라. 3장에서는 공동선에 기여하는 창조적 사고에 최우선적으로 헌신하는 새로운 정당을 결성하자는 제안까지 소개됐다.

이런 이야기 가운데 다수는 당신에게 이미 익숙한 것일 수 있다. 사실 위와 같은 시민상은 전통적으로 바람직하다고 여겨져 온 시민의 모습에 창조성을 덧붙인 것일 뿐이다. 하지만 나는 창조적인

홈리스가 자기가 살 집을 짓는 방법, 새로운 출산의 방식, 말기환자를 돌보는 새로운 방법, 죽음의 새로운 형태, 텔레비전 폭력물에 세금을 매기자는 제안 등 많은 아이디어들을 볼 수 있다. 결혼과 성명 짓기와 관련해 이 책의 4장에서 소개한 아이디어들도 거기에 등재돼 있고, 그 밖의 다른 주제들에 대해 내가 그동안 가르친 학생들이 제안한 아이디어 50여 개도 거기에 등재돼 있다. 이에 대해 나는 뿌듯한 자부심을 느낀다.

글로벌 아이디어스 뱅크에는 누구든 아이디어를 제안할 수 있다. 그러나 제안된 아이디어들은 독창성과 타당성의 측면에서 이 사이트 편집자들의 점검을 거쳐서 가장 좋은 아이디어만 책에 실린다. '올해의 베스트 아이디어'를 선정해 상금을 주기도 한다. 보디숍이라는 기업도 이와 비슷하게 현금으로 시상하는 제도를 운영하고 있다는 사실에 주목하라. 보디숍은 사회적 창안과 관련된 부서를 두고 있기도 하다. 요즘에는 보디숍 외에 많은 기업들이 그런 부서를 두고 있다. 사회적 창안 분야에서 일자리 창출까지 이루어지고 있는 것이다! 글로벌 아이디어스 뱅크에 제안할 수 있는 아이디어의 수에는 제한이 없다. 사실 이 사이트는 아이디어를 가장 많이 등재시킨 사람에게도 상을 준다. 또한 이 사이트는 제안된 아이디어들 가운데 가장 훌륭한 것들을 골라 실행되도록 하고 그 결과를 확인해보는 데도 많은 노력을 기울인다. 당신도 이 사이트에 아이디어를 제안해보라!

시민상이 갖고 있는, 그다지 익숙하지 않은 한 측면도 강조하고 싶다. 그것은 사람들에게 영감을 주는 창조적 사고의 힘이다. 예를 들어 회사의 고용주나 선출직 공무원이 사람들로부터 창조적 제안을 듣게 되는 경우는 그리 많지 않다. 대부분의 사람들은 그저 불평만 하거나 이미 정해진 입장만을 주장한다. 그리고 상당히 많은 사람들은 참여할 생각조차 하지 않는다. 그러나 우리는 모두 새로운 아이디어에 이끌리고, 그러다 보면 정말로 어려운 문제라 하더라도 그 문제를 결국은 해결할 수 있을 것이라는 희망을 품게 된다. 게다가 가장 근본적으로는, 누구든 새로운 아이디어를 찾기 시작하면 그에게서 창조적 정신이 저절로 드러나고 사람들은 그 창조적 정신에 이끌린다. 보다 창조적이고 가망성을 보여주는 태도를 가진 사람이라면 그게 누구든 다른 사람들의 눈에 띄게 마련이다. 그러므로 당신의 아이디어는 큰 발전을 이뤄낼 수 있다.

세상을 변화시키는 창조성

근본적인 창조성은 세상을 변화시킬 수도 있다. 근본적인 창조성도 일상적인 창조성만큼 실용적일 수 있지만 훨씬 더 크고 넓은 사고를 필요로 하며, 매우 거칠거나 유토피아적인 희망을 품는 것도 주저하지 않는다.

자동차를 예로 들어보자. 자동차는 처음에는 통통거리는 소리를 내며 시골길이나 골목길을 돌아다니는, 신기하지만 해롭지는 않은 기계였다. 그러나 이제는 6억 대 이상의 자동차가 지구 전체에 깔리면서 도시와 농촌의 풍경을 장악하고, 경제를 지배하고, 심지어는 기후까지 변화시키고 있다. 정말이지 이런 엄청난 문제에 대해서는 창조성을 발휘할 생각도 못한 채 좌절하기 쉽다. 그러나 자동차가 그토록 단기간에 우리의 삶을 지배하게 됐다는 사실 자체를 뒤집어 생각할 수도 있다. 그런 사실은 곧 다음 단계의 커다란 변화를 그려보게 하는 자극이 될 수 있는 것이다. 그토록 극적인 변화가 불과 한 세기 만에, 아니 사실은 주로 20세기의 후반기에 일어날 수 있었다면 앞으로 또 다시 극적인 변화가 일어나는 것도 얼마든지 가능하다. 그렇다면 다음 단계의 극적인 변화를 상상해보는 것은 우리 자신의 몫이다.

　자동차는 이미 개조되고 있다. 영리한 고등학교 학생들이 반나절을 들여 자동차의 엔진을 갈아 끼운 다음 그 자동차를 몰고 시골길을 달리는 모습을 당신도 본 적이 있을지 모르겠다. 그 자동차는 폐식용유만을 연료로 쓰기 때문에 배기가스에서 튀김요리와 같은 냄새가 난다. 하이브리드 엔진은 자동차의 연비를 크게 개선하고 있다. 연료전지와 수소엔진은 연료효율을 대폭 개선해줄 뿐 아니라 물 외에는 배출하는 것도 없다.

　그러나 '더 나은 자동차'는 일시적인 해법에 지나지 않을 것이다. 도로에서 벌어지는 사망과 부상의 참극, 교통체증, 고속도로를 놓는 비용과 토지의 손실, 우리의 정치적 삶과 환경에 초래되는 해악…. 이 모든 것이 점점 더 악화되고만 있다.

자동차에 대한 대안 찾기는 이미 진행되고 있다. 미국 남부와 유럽의 여러 도시들은 이미 자가용 승용차의 운행을 제한하거나 완전히 금지하고 있다. 이런 도시들은 자가용 대신 버스나 열차를 이용하는 효율적인 대중교통망을 구축하고 있다. 그 많은 도로 건설, 사고 처리, 주차시설 설치, 교통경찰 운영 등에 들어가던 돈을 대중교통망 구축에 돌려쓰고 있는 것이다. 도시계획을 하는 사람들은 대중교통망의 역이나 정류장 주위를 고밀도로 개발함으로써 사람들이 짧은 시간 안에 집과 작장을 오가고 식료품점에도 얼른 갔다 올 수 있게 하고 있다.

여기까지는 좋다. 그러나 우리는 더 많이 앞으로 나아가야 한다. 예를 들어 '자전거 버스'는 어떨까? 자전거를 타는 사람들이 모이는 장소에서 그들을 자전거에 탄 채로 태우고 고속으로 이삼십 킬로미터를 간 뒤에 내려주어 각자가 가고자 하는 곳으로 가게 하는 것이다. 이것 말고 또 어떤 것이 가능할까? 여러 이웃이 함께 출퇴근할 수 있는 카풀용 차량? 안전한 히치하이킹 제도? 이런 새로운 아이디어 가운데 일부는 이미 개발되고 있다. 새로운 종류의 인력거는 어떨까?

그러나 우리는 아직도 충분히 근본적인 사고를 하지는 못하고 있다. 이제는 아예 문제의 발단으로 돌아가 문제 자체를 달리 재구성해보자. 더 나은 자동차를 공급하거나 더 나은 대중교통망을 구축하기보다는 애초부터 교통수요를 줄이거나 제거하는 것이 더 합리적인 방법이 아닐까? 사람들이 대부분의 시간을 자기 집이나 자기가 사는 동네 안에 머물러 있을 수 있다면? 그렇게 된다면 쇼핑도 불과 얼마 전까지와 마찬가지로 동네에서 다 할 수 있을 것이다. 다시 길모퉁이에 식료품점이 들어서고 농민이 직접 농산물을 파는 농민시장이 생길 것이며, 수요가 항상 있는 게 아닌 내구재 같은 것은 인터넷 쇼핑으로 사면 될 것이다. 하이테크 장비가 설치된 도서관이나 인터넷 카페에 아동보육시설, 학교, 정원 등을 덧붙인 형태의 공동이용시설(커뮤니티센터)을 마을별로 지어놓고 거기에 많은 직장 일을 집중시키면 컴퓨터와 인터넷을 이용한 '거주지 근무'가 가능할 것이다. 스웨덴에서는 '텔레코티지(telecottage)'라고 불리는 이와 같은 거주지 근무 시설이 전국적으로 설치되고 있다. '가상현실 여행'의 보급을 확대시키고, 실제 휴가여행은 걷거나 자전거를 타고, 또는 낙타를 타고 보다 길게, 그리고 천천히 갔다 오면 안 될까? 이런 삶이 지금보다 더 나아 보이지 않는가?

극적인 발상전환을 시도해본다는 의미에서 몇 가지 근본적인 아이디어를 제시해보겠다.

우리는 모두 다 똑같이 단 하나뿐인 지구의 시민이라는 인식을 하게 됐다. 그러나 정치는 국가나 민족들 사이의 경쟁과 다툼으로 분열돼 있다. 진정한 글로벌 정치를 하고 싶다면 그 정치는 국가 단위를 넘어서야 하는 것 아닐까? 어쩌면 우리는 세계질서를 어떤 하나의 정부를 세우는 형태가 아니라 말하자면 하나의 네트워크 형태, 즉 상호연결과 연락, 대화가 풍부하고 다양하게 존재하는 관계망의 형태가 돼야 한다고 생각해야 하지 않을까? 사람들이 이런 상상에 익숙해진다면 실제로 그렇게 될 것이다. 인터넷을 통한 완전히 새로운 형태의 직접민주주의 정치는 지금 당장이라도 가능한 게 아닐까? 우리는 이미 이라크, 이스라엘, 남아프리카공화국의 사람들과 이메일 교환을 하고 있지 않은가? 이런 종류의 지구적 상호접촉을 체계적으로, 그리고 대규모로 발전시키려면 무엇이 더 필요한가? 그리고 그렇게 발전하게 되면 거기서 어떤 변화가 생겨날까? 새로운 종류의 지구적 대의정치 또는 지구적 지도자?

우주라는 문제도 있다. 인간이 마침내 화성 여행을 할 수 있게 될 때 그 여행도 우리가 익숙하게 알고 있는 대로 지구의 화석연료를 태워가며 승무원이 조종하는 우주선으로 갔다 오는 방식으로 이루어질까? 기존의 방식으로 화성여행을 하는 것은 사실상 불가능하다. 그런 방식으로는 화성까지 갔다 오는 동안 사용할 충분한 양의 공기와 식량을 우주선에 실을 수 없을 것이기 때문이다. 어쩌면 연료를 충분히 갖고 가는 것도 불가능할지 모른다. 그렇다면? 우주탐사라는 것이 무엇인지, 우주탐사를 계속하는 사람들은 누구인지 등 사실상 우주탐사와 관련된 모든 것을 우리는 다시 생각해봐야 하지 않을까?

새로운 아이디어로 먼저 왕복이 아닌 편도의 우주여행을 생각해볼 수 있지 않을까? 기꺼이 우주로 나가 영원히 돌아오지 않겠다고 하는 특이한 사람, 아니 모험가나 시인의 유형이라고 할 만한 그런 사람은 발견할 수 없을 것이라고 당신은 생각할 것이다. 그렇지 않은가? 그러나 어쨌든 우주의 다른 어떤 행성에 사람을 떨어뜨려 놓는 것은 그 행성에서 사람을 데리고 지구로 돌아오는 것보다 훨씬 쉬운 일이다.

우주의 한 행성에 사람을 떨어뜨려 놓는다고 할 때 그 사람의 생활을 뒷받침하는 문제도 뭔가 사고의 전환을 요구한다. 지구에 있는 식물과 동물도 모두 다 그곳으로 옮겨놔야 할까? 그렇게 해야만 그곳에 가게 된 가엾은 인간에게, 그리고 그곳으로 옮겨질 식물과 동물에게도 공기와 음식을 계속 공급할 수 있지 않을까? 이건 결국 지구의 축소모형인데 그 모습은 어떠할까? 우리는 그 모습이 어떤 것이 될 것이라고 생각해야 될까? 캡슐 형태보다는 방주와 같은 모습이 될 가능성이 더 높지 않을까?

그렇다면 그 방주는 무엇으로 움직여질까? 우리는 지금 태양풍(태양에서 방출되는 초음속 플라스마의 흐름—옮긴이)을 이용해 우주를 탐사하는 기술을 시험해보는 단계에 와있다. 태양풍을 이용하면 마치 돛단배를 탄 것처럼 우주여행을 할 수 있다는 것이다. 또 어떤 사람들은 우주선 자체를 살아있는 것으로 만든다는 생각을 하고 있다. 이것은 만들어진 것이 아니라 계속 자라나는 우주선이라는 개념이다. 그 우주선에서는 생명공학으로 만들어진 나무들이 자라난다는 것이다. 그리고 그 우주선 안의 숲과 들이 햇빛을 받을 수 있도록 한다는 것이다. 마치 서사시인이자 공상과학소설 작가인 프레더릭 터너(Frederick Turner)가 상상했던 것과 비슷하다.

우주의 다른 어딘가에 지구와 같은 대기를 조성하고 그곳에 지구의 생명체를 보내지 못할 이유가 없다. 예를 들어 화성에는 충분한 중력과 대기가 존재하고, 물도 어느 정도 있다고 한다. 화성에 더 필요한 것은 온도를 높여줄 온난화다. 그런데 온난화라면 우리가 지구에서 이미 능숙하게 해낸 일 아닌가?

그러나 이 정도에서 그치자. 이런 것들은 엄청나게 큰 문제에 대한 광범하지만 아주 개략적인 아이디어일 뿐이다. 여기서 소개한 아이디어들만 있는 것도 아니고, 그것들이 반드시 최선인 것도 아니다. 결국에는 그 아이디어들이 좋은 게 아닌 것으로 판명날 수도 있다. 여기서 중요한 점은 새롭고 창조적인 아이디어를 내는 게 얼마든지 가능하다는 것뿐이다. 그런 아이디어는 어딘가에서 나오게 돼있다. 그렇다면 바로 우리가 그런 아이디어를 내지 말란 법이 있는가? 이렇게 하는 것이 당신의 취향에 맞지 않을 수도 있고 맞을 수도 있다. 어느 쪽 경우라도 당신은 이제 무엇을 해야 할지를 알 것이다.

연습문제

1. 변화를 필요로 하는 것에 어떤 것들이 있는지를 파악해보라. 그것은 당신 곁에도 있고, 보다 넓은 세계에도 있다. 변화를 필요로 하는 것들의 목록을 작성하라. 그 가운데는 당신에게 개인적인 변화를 요구하는 것도 있을 수 있고, 사업기회를 열어주는 것도 있을 수 있고, 정치적인 운동으로 발전할 만한 것도 있을 수 있다. 그러나 첫걸음은 주목하는 연습을 규칙적이고도 체계적으로 하는 것이다.

그렇게 하는 한 가지 방법은 두툼하고 근사한 수첩을 하나 구해서 거기에 페이지마다 한 문제씩 기록하는 것이다. 적어도 매일 한 페이지씩 추가하면서 문제를 적어나가는 습관을 들여라. 그러다 보면 나중에는 이미 써놓은 문제의 다른 많은 측면들에 관한 메모를 추가할 수도 있고, 어떤 한 페이지에 메모를 하다가 다른 문제에 대해 다른 페이지에 써놓은 기록을 참고할 수도 있게 된다. 창조적인 아이디어와 가능한 해법에 대해서도 메모하기 시작하라. 적절한 시점이 되면 이 책에 나온 방법들을 이용해 훨씬 더 많은 창조적인 아이디어를 내보라. 이렇게 해서 만들어낸 창조적인 아이디어들 가운데 가장 나은 것들을 골라 실행에 옮겨보거나 다른 사람들과 토론해보라.

2. 커다란 사회적 문제들 가운데 일부를 제시한다. 이 문제들을 창조적 사고의 기회로 삼아라. 시간을 들여 최선을 다해 창조적 해법을 찾아보라.

- 어떻게 하면 자연환경에 대한 인간의 영향을 획기적으로 줄일 수 있을까? 어떻게 하면 너무 늦기 전에 자연에 대해 경각심을 갖게 될까? 환경주의는 위험과 재앙만 강조해야 할까? 새로운 방식의 휴가, 새로운 종류의 교육, 새로운 종류의 예술도 강조해야 하는 것 아닐까? 환경위기의 근본 원인은 무엇일까?

- 일과 관련된 문제로는 먼저 우리가 일을 너무 많이 한다는 점을 들 수 있다. 현재 주당 평균 노동시간은 44시간이며, 점점 더 늘어나고 있다. 그리고 많은 사람들이 두 가지 이상의 일을 해야 한다고 말한다. 일에서 자기만족을 느낄 수 없다는 것도 문제다. 일하는 것이 반드시 즐거운 게 아니어야만 하는 것일까? 그렇다면 왜? 우리는 어째서 하루하루 그럭저럭 살아나가는 데 우리가 가진 최선의 활력을 기꺼이 그렇게도 많이 소모할까? 높은 실업률이라는 문제도 있다. 어떤 사람들은 일을 너무 많이 하고, 또 어떤 사람들은 전혀 일자리를 구하지 못한다. 이런 상황은 어떤 변화가 필요함을 말해주는 것 아닐까? 너무 많은 국내 일자리가

임금이 낮고 노동자를 착취하는 해외의 공장들로 빠져나간다는 문제가 제기되기도 한다. 이런 문제를 해결할 수 있는 뭔가 체계적인 방법을 생각해낼 수 있는가?

- 왜 학교는 누구나 싫어하는 곳이 됐을까? 학교가 꼭 그렇게 즐겁지 않은 곳이어야만 하나? 왜? 우리에게 그렇게 많은 학교가 다 필요한 것일까? 학교를 완전히 다 없애도 상관없지 않을까? 그렇지 않다면 학교에 대해 달리 무엇을 할 수 있을까? 비교와 대조를 시도해보라. 또 학교에 관한 최근의 가장 근본적인 아이디어들을 살펴보라. 학교를 다니는 기간을 몇 년 늘이거나 줄이고, 학급당 학생 수를 2퍼센트 정도 더 줄이자는 정도의 아이디어를 말하는 것이 아니다. 이런 것 말고 또 어떤 변화가 가능할까?

- 군대는 전쟁을 하는 데는 알맞은 조직이지만 전쟁으로 인해 폐허가 된 곳에 잘 작동하는 사회를 건설하는 데는 적합하지 않다. 전쟁이나 다른 원인으로 파괴된 곳으로 들어가 그곳을 재건하고 사람이 살기에 더 나은 곳으로 만들 수 있는 다른 조직이 필요하다. 그 조직은 어떤 모습일까? 그런 조직이 이미 맹아의 형태로 존재하고 있지는 않은가? 존재한다면 어디에? '재건군'이 갖춰야 할 기술은 무엇일까? 혹시 그런 조직을 '재건군'이라는 군대식 이름으로 부르는 것 자체가 잘못된 발상이 아닐까? 그런 조직에는 누가 들어가려고 할까? 여기서 좀 신선한 생각을 한다면, 반드시 신체가 강건한 젊은이들만 그런 조직에 들어가야 하는

것은 아닐 것이다. 그 조직은 어떻게 움직이게 될까? 그리고 조직원들에 대한 훈련은 어떻게 할까?

■ 진정한 안전이란 무엇일까? 말썽을 부리는 사람들이 우리를 해치지 못하도록 그들을 우리에게서 충분히 먼 곳에 따로 격리시켜 놓는 것일까? 그렇게 하는 것이 가능하다면? 그렇다 해도 우리가 안전을 위해 더 추구할 것이 있지 않을까? 반대로 그렇게 하는 것이 불가능하다면? 사실 그렇게 하는 것이 장기적으로는 가능하지 않을 수 있고, 특히 지금처럼 상호연관성이 높은 세계에서는 가능하지 않을 수 있다. 그렇다면 우리가 안전을 위해 달리 추구할 수 있는 것은 무엇일까? 이 문제와 관련해 이런 점도 생각해보자. 범죄에 대해 뭔가 획기적인 변화를 가져올 만한 대안의 대응방법은 없을까? 일부 범죄행위를 뭔가 사회에 건설적으로 기여하는 방향으로 돌릴 수는 없을까? 범죄로 불리는 행위 가운데 일부는 이미 사회에 건설적인 기여를 하고 있는 것은 아닐까? 예를 들자면 그라피티가 그런 행위 아닐까? 실제 범죄의 위험에 비해 공포가 과도하게 큰 경우가 종종 있는데 이에 대해 어떻게 생각하는가? 왜 그럴까? 이런 과도한 공포의 문제에 대해서는 어떤 조치가 필요할까?

3. 마지막으로 아주 커다란 문제나 문제영역을 몇 가지 나열한다. 이들 문제 또는 문제영역에 대해 스스로 정의를 내리고 그것들을

다루는 창조적인 방법을 생각해보라. 문제를 정의하는 부분을 가벼이 여기지 말라. 문제를 제대로 구성하는 것부터가 창조적인 행동이다. 그러니 우선 문제를 폭넓게, 그리고 개방적인 형태로 정의함으로써 창조적으로 생각하거나 다시 생각할 여지를 최대한으로 남겨둬라. 여러 측면들을 동시에 갖고 있는 문제가 분명히 있다. 이런 문제의 경우에는 그 문제가 지닌 여러 측면들의 목록을 작성해보라. 그런 다음에 당신이 갖고 있는 도구를 이용해 창조적인 사고를 해보라.

의료와 보건
테러리즘
지역사회
고령화
환경오염
인구
세계를 보다 아름다운 곳으로 만들기
행복

시간을 들여라. 자신에게 생각할 시간을 주어라. 행운을 빈다!

주석과 참고사항

더 읽어볼 만한 책들

창조적 사고에 대한 더 자세한 입문서로는 에드워드 드 보노 (Edward de Bono)의 《진지한 창조성(Serious Creativity)》 (HarperCollins, 1992)과 《수평적 사고(Lateral Thinking)》(Harper, 1970), 배리 네일버프(Barry Nalebuff)와 아이언 에어스(Ian Ayres) 의 《왜 안되겠는가? 크고 작은 문제를 해결하기 위해 일상의 창의성을 이용하는 방법(Why Not? How to Use Everyday Ingenuity to Solve Problems Big and Small)》(Harvard Business School Press, 2003), 찰리 거시(Charlie Girsch)와 마리아 거시(Maria Girsch)의 《창안능력(Inventivity)》(Creativity Central, 1999), 마빈 레빈(Marvin Levine)의 《효과적인 문제해결(Effective Problem−Solving)》 (Prentice Hall, 2판, 1993)이 있다. 예방적 사고에 대해서는 스티븐 코비(Stephen Covey)의 《성공하는 사람들의 7가지 습관(The Seven Habits of Highly Effective People)》(Simon and Schuster, 1990)이 고전에 해당한다.

이 책의 쌍둥이 자매서인 《윤리문제에서 딜레마 뛰어넘기 (Creative Problem−Solving in Ethics)》(Oxford University Press, 2007)도 참고하라. 소개된 방법과 주제의 대부분은 비슷하지만 아주 다른 여러 사례들이 이 책과는 다른 방식으로 제시되고 있음을 알게 될 것이다. 창조성은 윤리 분야에서도 매우 중요하지만 너무나 저평가되고 있기에 윤리 분야의 창조성에 관한 별도의 책이 필요했다.

인용의 출처

1장_ '버스 정류장에서'는 나의 아버지가 받으신 이메일의 글에서 인용한 것이다. 이보다 더 구체적으로 출처를 밝힐 수 없어 유감으로 생각한다. 땅 속에 박힌 바위에 관한 이야기는 빌 모리슨(Bill Mollison)의 《퍼머컬처(Permaculture)》(Tagari, 1988)에서 보았다. 이 책은 창조적 사고를 환경문제에 적용해본 아름다운 사례들을 많이 다루고 있다.

2장_ 임의의 단어를 이용하는 것과 비슷한 방법들은 위에서 소개한 책들을 포함해 창조성에 관한 거의 모든 책에 나온다. 나는 임의의 단어를 이용하는 방법의 포괄범위를 넓혀 다른 종류의 기발한 연상 방법도 여기에 포함시켰다. 모르핀 문제에 대해서는 로널드 멜잭(Ronald Melzack)의 글 '불필요한 고통의 비극(The Tragedy of Needless Pain)'(Scientific American 262:2, 1990)을 보라.

3장_ 이 장에서 논의된 방법들도 다양한 자료에서 인용한 것이다. 위에서 소개한 레빈(Levine)과 드 보노(de Bono)의 책들에 그 방법들 가운데 일부가 보다 자세하게 논의돼 있다. 브레인스토밍의 기원에 대해서는 앨릭스 오스본(Alex Osborne)의 《상상력의 응용: 창조적 문제해결의 원칙과 절차(Applied Imagination: Principles and Procedures of Creative Problem-Solving)》(Creative Education Foundation, 1993)를 보라.

4장_ 이 장의 끝 부분에 서술된 아이디어 두 개는 '글로벌 아이디어스 뱅크' 의 웹사이트(www.globalideasbank.org)에도 게시돼 있다. 이 웹사이트에 애실리 피너시(Ashlee Finecey)가 올려놓은 '사회를 위해 봉사하는 커플(Couples for Community)' 이라는 글과 내가 올려놓은 '커플의 새로운 중간 성 채택(Couples Choose New Middle Name)' 이라는 글을 살펴보라. 나는 오래 전에 잡지 〈코에볼루션 쿼털리(Co-Evolution Quarterly)〉 41호(1984)를 통해서도 성명 짓기에 관한 아이디어를 발표한 적이 있고, 그 아이디어를 실제로 이용해본 많은 커플로부터 그들의 견해를 들을 수 있었다. 이 장의 마지막 연습문제는 위에서 소개한 네일버프와 에어스의 책을 참고해 내가 만든 것이다.

5장_ 아이의 방에 텔레비전을 둔 어머니에 관한 짧은 인용문은 〈뉴욕 타임스〉 2004년 8월 3일자에 실린 제인 브로디(Jane Brody)의 글 '텔레비전이 아이들의 몸과 마음을 유혹하고 있다' 에서 가져온 것이다. 쓰레기를 자원으로 보는 관점에 대해서는 폴 호킨스(Paul

Hawkins), 애머리 로빈스(Amory Lovins), 헌터 로빈스(Hunter Lovins)가 공저한 《자연적 자본주의(Natural Capitalism)》(Little, Brown, 1999)를 보라. 최근의 화성탐사 설계에 대해서는 화성탐사 계획의 공식 웹사이트(http://marsrovers.jpl.nasa.gov/gallery/video/animation.html)를 찾아가보라.

6장_ 근본적인 변화의 아이디어에 대해서는 방금 소개한 호킨스 외 2인의 저서 외에 최근에 출간된 두 권의 책, 즉 브루스 마우 (Bruce Mau)와 제니퍼 리오너드(Jennifer Leonard)의 《거대한 변화 (Massive Change)》(Phaidon, 2004)와 데이비드 본스타인(David Bornstein)의 《세계를 변화시키는 방법: 사회적 기업가들과 새로운 아이디어의 힘(How to Change the World: Social Entrepreneurs and the Power of New Ideas)》(Oxford University Press, 2004)을 참고하라. 살아있는 우주선에 관한 프레더릭 터너(Frederick Turner) 의 비전은 그의 걸작이자 시사하는 점이 많은 서사시 책인 《제네시 스(Genesis)》(Dallas: Saybrook Publishing, 1988)에서 인용했다.

교사를 위한 주석

이 책은 주로 비판적 사고(Critical Thinking)에 관한 대학 또는 고등학교 수준의 수업에서 보충교재로 이용할 수 있도록 씌어졌다. 그러나 비판적 사고를 혼자 공부하는 경우에도 이용할 수 있고, 창조성(Creativity)에 관한 별도의 강의에서도 적절히 활용할 수 있을 것이다. 비판적 사고의 측면에서 보면 이 책이 그 분야의 전체를 다 다루려고 하는 것은 분명히 아니다. 사실 중요한 분석기법과 논증기법의 다수가 이 책에서는 언급도 되지 않았다. 이 책의 역할은 똑같이 중요하지만 거의 항상 간과되는 측면을 추가로 알려주는 것이다. 내가 머리말에 썼듯이 가능성의 관점에서 세계를 바라볼 줄 아는 것도 중요한 사고기법이다. 나는 이것이 그 무엇보다도 중요하다고 믿는다.

이 책은 따로 설명할 필요 없이 책 자체만으로도 이해할 수 있도록 썼다. 수업시간에는 곧바로 연습문제로 들어가라. 각 장의 연습문제 부분이 교사에게 좋은 출발점이 될 것이다. 학생들은 이런 종류의 책을 즐겁게 읽는다. 이런 종류의 책은 실제로 변화를 일으킬 수 있는 구체적인 결과들을 낳는다. 그리고 어쨌든 결론적으로 말하면 이런 종류의 책 외에는 사고기법을 배우고 발전시킬 다른 방법이 없다. 창조적으로 생각하기를 배우는 것은 비유하자면 음악 이론을 배우는 것보다는 피아노를 치는 법을 배우는 것과 훨씬 더 비슷하다. 책을 읽고 강의를 듣는 것은 단지 준비작업일 뿐이다.

이 책의 내용 가운데 워밍업에 해당하는 부분과 거칠어 보이는 연습문제도 활용하라. 그런 것들은 당장 써먹을 수 있는 실용성은 떨어질지 몰라도 학생들이 보다 진지한 학습과 사고를 하기에 앞서 그들의 정신을 유연하게 풀어주는 데 도움이 된다. 뿐만 아니라 그런 것들은 가르치는 사람에게도 절실하게 필요한 재미의 요소를 수업에 끌어들인다.

이런 교재에 친숙하지 않은 교사라면 처음에 약간은 주의해야 한다. 창조적 사고에 그다지 익숙하지 않은 교사가 창조적 사고에 대해 가르칠 경우, 그는 학습효과를 쉽게 저해시킬 수 있기 때문이다. 예를 들어 창조적 사고의 방법이 효과를 낼 때까지 충분한 시간을 부여하지 않는 것, 특히 기발한 연상과 같이 좀 더 가망성이 없어 보이는 방법에 대해 그렇게 하는 것, 학생들이 처음으로 떠올린 아이디어를 너무 빨리 '편집'하거나 완화시키게 만드는 것은 피해야 한다. 또한 어떤 문제에 대해 전통적인 공식에 매달리는 것, 예컨대 자동차를 조금만 더 안전하고 조금만 더 효율적인 것으로 만들어보자고 말하는 것도 피해야 한다. 이 책과 같은 교재는 교사가 가르치려고 하는 태도에 대해 교사 자신이 진심에서 모범이 될 수 있어야 그 효과가 가장 잘 나타난다. 학생들에게 여유도 많이 주고,

자극도 많이 주어라. 학생들이 이 책에 나온 방법들을 정말로 이용하게 하려면 그렇게 하도록 종종 그들의 등을 밀어주어야 한다. 아울러 학생들이 상자에서 단지 조금만 벗어난 아이디어로 만족하고 거기서 멈추도록 놔두지 말라. 학생들의 아이디어를 중간 단계에서 점검해보되 그런 다음에 학생들이 그 아이디어를 창조성의 그 다음 단계로 발전시키도록 해야 한다. 학생들을 여러 그룹으로 나누어 브레인스토밍을 하도록 하고, 학생들이 이미 그렇게 하고 있다면 그룹 편성을 다시 해보라. 교사가 유의해야 할 점은 이 밖에도 얼마든지 많을 것이다. 그러나 기대를 적게 갖는 것보다 요구를 너무 많이 하는 것이 오히려 잘못인 경우가 많다.

학생들에게 연습문제를 다 풀라고 요구하지는 않더라도 연습문제 전부를 읽어보게는 해야 한다. 어쨌든 연습문제에는 의미 있는 아이디어와 유요한 제안들이 들어 있기 때문이다. 또한 학생들은 연습문제를 읽다 보면 그들 스스로 풀어보려고 덤벼볼 수 있는 문제가 얼마나 폭넓게 존재하는지에 대해 상당한 정도로 감을 잡게 될 것이기 때문이다.

6장의 연습문제는 학생들로 하여금 그들 자신이 얻어낸 결과들을 갖고 다시 세상으로 돌아가 무엇인가를 변화시켜보도록 격려하는 것으로 이 책을 마무리한다. 그렇게 하는 것은 그리 쉬운 것도 친숙한 것도 아니지만 바라건대 세상에 큰 변화를 일으킬 수 있을 뿐만 아니라 학생들 개개인은 물론 강의시간의 학습 분위기에도 큰 변화를 일으킬 수 있다. 그러니 6장의 연습문제에서 제시된 것과 같은 과제를 학생들에게 부과하는 것으로 강의 전체 또는 강의 가운데 이 책을 이용한 부분을 마무리하는 방법을 고려해보라. 당신이 이렇게 했다는 소식이나 무엇이든 이 책을 더 낫게 개정하는 데 도움이 되는 제안을 내게 보내준다면 더없는 영광일 것이다.

옮긴이의 덧붙임

"대부분이 서로 엇비슷하고 고만고만하더라."

대입 논술시험 답안지를 채점해본 교수들에게 "어떻더냐"고 물어보면 가장 많이 듣게 되는 대답이다. 논제에 접근하는 관점에서부터 자기의 논리를 전개하는 방식, 결론이나 판단의 내용에 이르기까지 응시자들의 글이 천편일률에 가까워 점수에 차이를 두기가 어렵다는 것이다. 구술의 경우에도 그저 그런 답변만 되풀이 듣다 보면 지루함까지 느끼게 된다는 것이 면접교수들의 하소연이다.

대입시험뿐만이 아니다. 언론사에서 신입기자를 뽑거나 기업체에서 신입사원을 채용할 때 응시자들이 써낸 글이나 면접 때의 답변도 크게 다르지 않다고 한다. 그러다 보니 조금이라도 자기 나름의 관점을 제시하고, 규격화된 틀에 얽매이지 않은 상상력을 보여주고, 다소나마 독창적인 논리전개를 할 줄 아는 응시자를 어쩌다 하나라도 만나게 되면 눈이 번쩍 뜨인다는 것이다. 그런 응시자라면 틀림없이 합격 통지서를 받았을 것이다.

사람들이 하는 말과 쓰는 글이 비슷비슷한 것은 생각이 비슷비슷하다는 것이고, 이는 곧 대부분의 사람들이 사회적으로 정형화된 어떤 보이지 않는 틀 속에서만 생각하고 그 틀을 벗어나려고 하

지 않기 때문일 것이다. 사람들의 이런 사고습관은 사회의 안정에
는 도움이 될지 모르지만 각 개인의 발전은 물론이고 사회 전체의
진보에도 장애물이 되기 쉽다. 습관의 틀을 깨고 새로운 가능성을
찾아내고 실현할 수 있어야 개인도 사회도 발전할 수 있을 게 분명
하다.

  영국 옥스퍼드대학 출판부가 2006년에 펴낸 *Creativity for Critical
Thinkers*를 번역한 이 책 《창조적 비판의 요령》은 바로 그런 새로
운 가능성을 찾아내고 확장하는 기술을 설명한다. 이 책은 미국과
유럽의 교육과정에서 강조되고 있는 '비판적 사고(Critical
Thinking)'에 '창조성(Creativity)'을 접목시켜 '비판적인 사고를
창조적으로 하는 방법'을 알기 쉽게 가르쳐준다. 그 바탕에는 비
판적 사고가 '비판'에만 치중하게 되면 상상력이 제대로 발휘되지
못하고 발전적인 대안의 사고를 하기도 어려워진다는 지은이의 신
념이 깔려 있다.

  저자 앤서니 웨스턴은 이 책에서도 그 특유의 간결한 구성과 문
체, 그리고 실용적인 관점에서 '비판적 사고'와 '창조성'이라는
두 개의 만만치 않은 주제를 하나의 유기적인 전체로 얽어 쉽게 다
루어내는 솜씨를 보여준다. 이 책은 학생들과 일반인들이 두루 유
익하게 읽을 수 있도록 저술됐다. 그래서 우선은 고등학교나 대학
교에서 창조적 사고에 관한 강의를 할 때 이 책을 부교재로 이용할
수 있지만, 일반인들도 어떻게 해야 창조적인 사고를 할 수 있는가

를 이 책을 통해 배워두면 각종의 글쓰기나 기획에 도움이 될 것이라고 저자는 말한다.

저자 앤서니 웨스턴의 전작인《논증의 기술》(2004, 필맥)과 이번에 이 책과 동시에 발간된 그의 다른 저서《윤리문제에서 딜레마 뛰어넘기》(2007, 필맥), 그리고 이 책《창조적 비판의 요령》은 생각하기, 글쓰기, 말하기, 토론하기를 잘 하기 위한 방법을 서로 다른 측면에서 친절하게 가르쳐주고 연습하게 해주는 삼위일체의 자매서로 보아도 무방하다고 생각된다.

창조적 비판의 요령
_창조적 사고력 함양이 절실하게 필요한 현대인의 필독서

지은이 | 앤서니 웨스턴
옮긴이 | 이주명

1판 1쇄 펴낸날 | 2007년 10월 10일
1판 3쇄 펴낸날 | 2016년 7월 10일

펴낸이 | 이주명
편집 | 문나영
표지 디자인 | 장병인
출력 | 문형사
종이 | 화인페이퍼
인쇄 · 제본 | 한영문화사

펴낸곳 | 필맥
출판등록 제300-2003-63호
주소 | 서울시 서대문구 경기대로 58 (충정로2가) 경기빌딩 606호
이메일 | philmac@philmac.co.kr
홈페이지 | www.philmac.co.kr
전화 | 02-392-4491
팩스 | 02-392-4492

ISBN 978-89-91071-49-0 (03100)

이 도서의 국립중앙도서관 출판시도서목록(CIP)은 e-CIP홈페이지(http://www.nl.go.kr/cip.php)에서
이용하실 수 있습니다. (CIP제어번호 : CIP2007002981)